中国工会工作品牌丛书

送温暖工程

WARMTH PROJECT

王娇萍　郑莉◎编著

中国工人出版社

打造工会品牌　服务职工群众

品牌，是被社会普遍认同、有代表意义和影响力的产品。工会工作品牌，是体现工会组织特点、被职工群众广泛接受、社会认可度高、成效显著的工作项目。改革开放以来，各级工会组织在党的领导下，以服务职工为己任，锐意创新，不懈努力，逐步形成了一批党政认同、社会关注、职工群众欢迎的工会工作品牌。

创始于1992年的“送温暖工程”，从以下岗困难职工为主要对象的“两节”慰问走访的“进万家门、知万家情、解万家难、暖万家心”活动，发展到凸显“制度保障”作用，将党和政府保障民生的政策资源系统集成的“送温暖工程”。各级工会组织不断加大送温暖资金投入的力度，惠及广大职工群众，成为工会服务职工群众的一道亮丽风景线。

从1985年起，中华全国总工会启动“五一劳动奖状奖章”（2016年统称为“五一劳动奖”）的评选表彰。其中，五一劳动奖状授予在我国境内依法注册或登记的非跨地区的企业、事业、机关、社会组织和其他组织以及驻外机构，五一劳动奖章授予中国籍员工。“五一劳动奖”是中国工人阶级最高奖项之一，是每一个劳动者、劳动团体的光荣与梦想。

从2015年“五一”国际劳动节开始，中华全国总工会联合主要新闻媒体陆续推出一批我国广大一线技术工人的杰出代表，采取有力措施叫响做实“大国工匠”品牌，唱响了以劳动托起中国梦的时代赞歌。各级工会充分发挥“大国工匠”的示范带动作用，推动建设我国高素质职工队伍，造就出更多的“大国工匠”。

自2007年起，中华全国总工会开始部署创建工人先锋号活动，2008年命名首批全国“工人先锋号”。今天，这一彰显“一流工作、一流服务、一流业绩、一流团队”的荣誉称号，已经成为班组建设的助推器、培育高素质技工的学校和劳动竞赛活动的重要品牌。

2007年10月9日，中华全国总工会下发《“职工书屋”建设实施意见》，一项惠及广大职工群众的公益文化工程就此拉开序幕。历经15年发展，职工书屋（电子职工书屋）已经成为工会服务职工的文化工作品牌，成为广大职工群众读书学习的精神家园。

1983年，中共中央书记处作出了要把工会组织建成职工之家的重要指示。1984年，中华全国总工会在基层广泛深入开展建设职工之家活动。今天，职工之家成为充分发挥广大职工积极性主动性创造性的重要途径，成为职工群众喜爱的家的港湾。

新时代特别是中国工会十七大以来，各级工会以习近平新时代中国特色社会主义思想为指导，贯彻落实习近平总书记关于工人阶级和工会工作的重要论述，以忠诚党的事业、竭诚服务职工为己任，围绕中心、服务大局，守正创新、勇毅前行，助推新时代工会工作创新发展，也为工会优势服务品牌注入了新的内涵。

践行新时代新要求，面对各级工会持续深化改革创新的生动实践，中国工人出版社启动“中国工会工作品牌丛书”修订工作，着重梳理“送温暖工程”、“五一劳动奖”、“大国工匠”、“工人先锋号”、“职工书屋”和“职工之家”等工会工作品牌在新时代的发展创新，为促进工会高质量发展聚力赋能。本丛书聚焦各级工会立足新时代中国特色社会主义新方位、全面深化改革新阶段，团结动员广大职工为推进中国式现代化建功立业的扎实作为，生动展现了工会组织按照党中央关于群团改革的新部署新要求，不断增强政治性、先进性、群众性，最广泛最紧密地把职工群众团结在党的周围，奋力谱写新时代工运事业和工会工作新篇章。

改革创新是时代发展的最强音，也是工运事业蓬勃发展的不竭动力。随着工会工作的不断推进，传统的工会品牌工作被赋予新的内涵，新时期工会改革创新成果正不断涌现，我们将及时进行总结，以更好地反映和展示工会工作品牌建设的最新成果。

CONTENTS / 目 录

引　言

这是一项由工会发起的社会互助活动，却被新华社记者叹为“全球规模最大、受益面最广的政府爱心工程”；这原本是仅限于春节元旦期间的雪中送炭，却在履职尽责中演变为四季常温的访贫问苦……

今天，站在新时代新征程的时间节点上回望，我们看到了一条充满爱心、充满阳光、充满力量、充满希望的温暖之路，更看到了作为党领导的工人阶级群众组织——工会对信念的执着、职责的自觉、使命的担当。

如果能够给逝去的时光定格，这一幕幕将深深地镌刻在中国工会的史册上：

1992 年 1 月，随着全国总工会慰问团兵分八路赴全国 18 个省、自治区、直辖市，在全国范围内开展的“进万家门、知万家情、解万家难、暖万家心”工会送温暖活动自此正式拉开帷幕。

1994 年 4 月，《中华全国总工会关于实施

“送温暖工程”的通知》下发，标志着一年一度的送温暖活动拓展为“送温暖工程”，送温暖活动踏上经常化、制度化和社会化的新起点。

2002 年 1 月，在迎来送温暖工程实施十周年之际，天津市困难职工救助中心成立，工会帮扶开启新模式。同年 9 月，全国总工会十三届九次主席团（扩大）会议决定三年内在全国 200 个大中城市建立困难职工帮扶中心。

2012 年 7 月，全国总工会发布《工会帮扶工作发展规划（2012—2015 年）》，就构建救助、维权、服务三位一体的帮扶工作格局，推进工会帮扶工作实现常态化、长效化作出全面部署。

2017 年 1 月，全国总工会十六届五次执委会议要求拓展困难职工帮扶中心（职工服务中心）和站点功能，精准帮扶服务困难职工，推动困难职工解困脱困工作纳入国家脱贫攻坚大局的方向。

2021 年 5 月 31 日，城市困难职工解困脱困工作总结表彰会在北京召开。会上通报表扬了在城市困难职工解困脱困工作中作出重要贡献的 120 个集体和 120 名个人，有 20 个集体和 31 名个人分别被授予全国五一劳动奖状和全国五一劳动奖章。会上传出重磅消息：全国工会城市困难职工解困脱困工作如期完成，截至2020年底，现行标准下工会建档立卡的549.87万户困难职工家庭全部实现解困脱困。

对中国工会来说，应和党和政府的中心工作及职工群众的需求，是点燃送温暖燎原之火的出发点，也是最终目的。牢牢立足于做好党政所需、职工所盼、工会所能的事情，送温暖帮扶工作始终与时代同步，与社会共进。

纵向来看，工会送温暖帮扶工作从最初的临时生活救助向就业帮扶、法律援助、医疗救助、教育救助、社会保障等领域全方位扩展，从最先关注特困职工向服务整个困难职工群体乃至所有职工延展，内容上不断深化、范围上不断扩大。而从横向的视角加以观照，将送温暖帮扶工作的每一个横截面置于当时的社会形势和现实背景下，可清晰地看到，其紧扣不同的历史时期和发展阶段，与时俱进地丰富创新工作内容和方法的特征十分鲜明。

某种意义上，工会送温暖帮扶工作是职工群

众和历史的选择，而职工群众的需求和历史的发展又推动着这项工作不断前行。

当前，中华民族伟大复兴的中国梦画卷已经绘就，党中央脱贫攻坚的动员令已经发出，如何在以人民为中心的发展思想引领下，按照习近平总书记要求的“扎扎实实解决好群众最关心最直接最现实的利益问题、最困难最忧虑最急迫的实际问题”，工会送温暖帮扶工作迎来了新机遇，也面临着新挑战。但正如历史所一再证明的：总有一种力量能带领我们破浪前行，再创辉煌！

因为，无论时代如何发展，社会如何变化，世界都需要阳光和爱。

第一章

送温暖工程

工会品牌响神州

伴随着工会干部们年复一年访贫问苦的足迹，“送温暖”这个温馨的词汇，早已融入亿万职工的生活。

然而，当我们将追溯的目光投向这个体现社会温度的活动时，看到的却是各级工会组织的责任与担当、工会干部们的热血与奉献：从各地工会最初源于互助互济传统开展的困难职工救助活动，到“送温暖活动”的正式提出，再到全国总工会在全国范围内推开，并拓展到指向经常化、制度化和社会化的“送温暖工程”……

一路走来，我们看到了贫困和苦难，但更感受到了坚强和勇敢；看到了不公和凄惨，但更感受到了豁达和从容；看到了艰辛和不易，但更感受到了美好和温情。这让我们确信，送温暖给这个国家和社会带来的意义，远远超越了一个工会工作品牌所负荷的能量。

送温暖活动渐成燎原之势

1992年1月7日，北京，中华全国总工会机关大楼，中华全国总工会党组、书记处的领导们，正兵分八路，开启一项从未在全国范围内开展过的活动——“进万家门、知万家情、解万家难、暖万家心”工会送温暖活动。

在随后的日子里，慰问团共赴全国18个省、自治区、直辖市，对受灾地区和“双停”、亏损企业的困难职工、离退休职工进行了走访慰问。如果时光能够定格，恐怕当时亲自率团的全国总工会领导们也没有料到，这一当年走访慰问了168个企事业单位和540户各类职工家庭的活动，最终竟然成就了中国工会工作的一大品牌——“送温暖工程”。

然而，这样一项载入中国工运史册的活动，却源于各地工会发扬职工互助互济、开展生活困难补助传统播下的星星之火！

说到牡丹江，人们首先想到的往往是寒冷。然而，别称为“雪城”的牡丹江，却是工会送温暖活动的发源地。

20世纪80年代，企业改革在黑龙江大地风起云涌。伴随着企业改革、改制，不少企业出现了经营困难，职工生活成了难题。

面对这一新情况，牡丹江市总工会在总结以往开展生活困难补助和职工互助互济活动的基础上，创造性地推出了送温暖活动。

1982年10月，牡丹江市总工会组织全市千名工会干部和万名工会积极分子开展“学雷锋、树新风，送温暖，做群众贴心人”活动，组成送温暖小分队和“四定五包”小组，为生活困难职工家庭维修房子、修炕、挖菜窖、搭棚子等，解决了一大批困难职工家庭的实际困难。

这一活动很快在全市引发热烈反响，也引起牡丹江市委的关注。最终，牡丹江市委把送温暖活动列入牡丹江市委元旦、春节期间的“十件大事”之一。

于是，1983年元旦、春节期间的牡丹江，刮起了一股温暖的旋风：牡丹江市委、市人大、市政府、市政协四大班子的领导们，在牡丹江市总工会有关人员的陪同下，深入困难职工家庭，嘘寒问暖，并把4万元救济款及慰问品，分别送到生活困难的职工手中。

虽然牡丹江市领导只走访了100户困难职工，却温暖了全市50多万人的心，更使得送温暖活动在这个北国雪城掀起热潮。各行各业的送温暖服务队纷纷行动起来，活跃在全市的大街小巷。据统计，当年全市就成立送温暖服务队1355个，共为职工做好事53912件。

送温暖活动一炮打响，大大地激励了牡丹江市总工会一班人。1983年9月20日，牡丹江市总工会常委扩大会议作出决定，号召全市各级工会组织和广大工会干部、积极分子积极开展送温暖活动。

1986年2月，牡丹江市总工会在不断总结提升的基础上，又提出在全市开展“送温暖，办实事活动”。据统计，各级工会组织共走访职工家庭3.2万户，把12万元补助费送到6000多名职工手中，为五保户、鳏寡孤独和有特殊困难的职工解决具体困难事项达5600多件。

同年3月12日，中央人民广播电台专门播发消息，报道了牡丹江市总工会送温暖活动。《黑龙江日报》以“牡丹江市总工会为职工送温暖，办实事，走访三千户，解难五千件”为题，在头版头条作了报道。自此，工会送温暖活动逐渐叫响全省，走向全国。

更重要的是，在之后的日子里，送温暖活动在牡丹江得到了很好的坚持并不断发扬光大。每逢元旦、春节期间，全市各级工会都与党政部门一道，深入困难企业和困难职工家中，送去慰问金和生活必需品，嘘寒问暖，使他们在最困难无望之时，体会到了党和政府、工会组织的温暖。送温暖活动，为雪城人们的佳节增添了一道温暖的风景线。

在牡丹江市总工会轰轰烈烈地为职工送温暖的同时，类似的活动也在全国各地工会组织中兴起。在哈尔滨、南京、徐州等地，工会通过给特困职工发补贴的形式开展送温暖活动；而在甘肃，工会干部们则积极筹划，在全省率先发起关注和慰问困难企业职工的活动，并将此命名为

“送温暖活动”。

据统计，1985—1990 年，全国 10 万多个基层单位扶助贫困职工 250 多万人，有 140 万人摆脱贫困境况，连同他们的家属一起，统计脱贫人数达 600 万人。

对困难职工的适时帮助，不仅为工会赢得了“及时雨”“雪中炭”等美誉，更重要的是，它使工会组织日益清楚自己在国家发展和改革大局中的社会定位、应扮演的角色及应承担的职责。

其实，只要我们把目光投向 20 世纪 80 年代末 90 年代初的中国，便不难发现，工会组织不约而同地选择了送温暖活动，并以此为己任，是历史的必然。

当时，受经济结构调整、市场变化等多种原因影响，部分国有企业和城镇集体企业生产经营困难，下岗职工逐年增多，停、减发职工工资和离退休金的问题越来越突出，不少职工家庭生活陷入困境。与此同时，长期的计划经济体制造成的积弊，使得我国在社会保障、调剂引导就业等方面，无论是制度建设还是经验积累，都难以适应结构调整和市场经济发展的客观需要。于是，这些曾经为新中国建设作出过贡献的工人，维持基本生活都是难事，成了城市中的困难群体，而企业自身又无力解决，地方财政也捉襟见肘。

统计显示，到1991年底，亏损和虚盈实亏企业已达60%以上，农林、国防、矿产等产业出现全行业亏损，生活困难职工数量不断增加。以拥有4.6万名职工的北京市矿务局为例，下属的26家企业中有18家亏损，一些困难职工连一日三餐都难以为继。

这一伴随改革而来的阵痛，对中国工会来说，无疑是前所未有的崭新挑战，更是必答的时代课题。

关键时刻勇于担当，从来就是中国工会的品格。更何况，关心职工生产生活，满腔热情地为职工群众服务，不遗余力地帮助职工解决实际困难和问题，是中国工会一直以来的优良传统。因此，送温暖活动能从“星星之火”到“燎原之势”，在根本上源于中国工会对自身职责使命的高度自觉，对经济社会发展要求的极端敏感，对职工群众感同身受的深厚感情。

1991年末，在党中央、国务院的支持下，总结了各地工会开展的各种形式互助活动以及一些地方工会积极探索送温暖活动的经验后，中华全国总工会郑重作出决定：1992 年元旦、春节期间，在全国范围开展“进万家门、知万家情、解万家难、暖万家心”的送温暖活动，充分利用工会广泛联系职工群众的优势，动员全社会伸出互助友爱之手，为那些生活遇到困难的职工排忧解难。于是，便有了本文开头时任全国总工会党组、书记处领导兵分八路送温暖的一幕。自此，全国范围内的工会送温暖活动的大幕正式拉开。

送温暖活动一经全面启动，即激起了巨大的社会反响。新华社当时发的消息中这样写道：“送温暖慰问团所到之处，都受到各地党委、政府和广大职工群众的热情赞扬和大力支持。”“慰问团还积极配合协助当地党政领导解决了一些实际问题，安定了人心，促进了企业和社会稳定。”

事实上，各级工会因地制宜开展的各种形式的送温暖活动，从一开始就彰显出为党和政府分忧、为职工群众解难的社会功能。而随着社会主义市场经济体制的建立和国有企业改革力度的加大，困难职工问题更加突出且难以在短时间内解决，置于这样的背景下，工会送温暖活动的这一功能，无论于职工切身利益还是于整个社会发展，都显得尤为重要而可贵。

拓展为送温暖工程的背后

1994 年 4 月 19 日，一个普通的日子，但在工会送温暖活动的发展历程中，却有着非凡的意义！

这一天，全国总工会发出《关于实施“送温暖工程”的通知》（以下简称《通知》），明确指出：根据形势的发展，全国总工会决定把一年一度的送温暖活动拓展为“送温暖工程”，以实现送温暖活动的经常化、制度化和社会化。

根据《通知》的精神，“送温暖工程”是在党的领导和政府的支持下，动员企业职工和社会各界的力量，群策群力，互助互济，为困难职工和困难企业排忧解难，多办实事、好事，稳定社会，促进改革和建设。送温暖工程的主要内容包括：继续大力开展职工扶贫解困工作；积极推进职工互助互济活动；协助政府广开门路，为失业职工再就业创造条件；配合政府帮助困难企业扭亏为盈；逐步兴办群众性、公益性、互助性的基金组织等。

显然，相较于之前已开展了三年的送温暖活动，送温暖工程的内涵更加丰富，外延进一步拓展：对象上，从帮扶特困职工向帮扶困难职工群体延伸，即除了帮助生活难以为继的特困职工外，还要为失业职工再就业创造条件、关心离退休职工的生活；时间上，从"两节"期间拓展为全年的、经常性的，如明确要求"对无条件自救脱贫的职工，要做好经常性的困难救济工作"，"组织'贴心人服务队'，帮助鳏寡病残职工和离退休职工克服日常生活中的困难"，"每个市县级工会'每年有重点地帮扶一两个困难企业扭亏为盈，长期坚持下去'"等；内容上，从救急救济拓展为积极推进职工互助互济活动，为失业职工再就业创造条件，帮助困难企业扭亏为盈，逐步兴建群众性、公益性、互助性的基金组织，等等。

当然，将送温暖活动拓展为送温暖工程，绝

非全国总工会的一时冲动，而是经过审慎考虑后作出的重大决策！

1994年“五一”前夕，《工人日报》上刊载了这样一篇文章，那是浙江省27位全国人大代表联名发出的倡议书——“让我们伸出温暖的双手”，呼吁各级政府少买几辆高级轿车，少搞几次宴请，少送几只花篮，每个社会成员都伸出温暖的手，为援助困难职工献一份爱心。

倡议书还呼吁尽快完善和建立社会保障体系，并希望他们的呼吁能够引起全社会对职工解困问题的关注。

……

27位全国人大代表公开在媒体联名倡议关注职工生活中的贫困现象，这一不同寻常的举动，除了说明职工生活贫困作为一个社会现象在当时已有了相当的普遍性以外，也从另一个方面证明了，全国总工会十几天前决定构筑“送温暖工程”的必要性、重要性。

事实上，尽管送温暖活动自开展以来即获得

如潮好评，被认为是工会组织“发挥桥梁和纽带作用，把党和政府的关怀送到职工群众的心坎上，对提高职工战胜苦难的信心和勇气，促进困难企业扭亏为盈、走出困境，密切联系职工群众，维护职工队伍和社会的稳定，起了良好的作用”，但各级工会干部在送温暖的实践中越来越意识到，光靠节日送钱送物，是不能解决根本问题的。因为，客观形势越来越不容乐观。

《通知》中这样分析指出：社会主义市场经济的建立，需要一个长期艰苦奋斗的过程。当前在经济领域内，一些深层次的矛盾没有得到根本解决。特别是在由计划经济向市场经济转变的过程中，企业面临着产业结构、产品结构、企业组织结构的调整，部分企业将遇到一些困难和问题，波及职工生活。

应该说，全国总工会在《通知》中的表述是相当克制的，实际情况要严峻得多。1995 年 1 月 1 日，《中华人民共和国劳动法》（以下简称《劳动法》）正式施行，引发社会广泛关注。但是，《劳动法》成为焦点，不仅在于该法对如何保护公民的劳动权利作了详尽的规定，还在于“失业”二字赫然出现其中，因为这在计划经济时代是不可想象的事情。但是，“失业”写入《劳动法》是形势所趋——同年的调查显示，全国因企业亏损、破产造成生活困难的职工已达1000多万人。

对此，党中央、国务院多次发出通知，要求各地党委和政府高度重视困难职工的生活问题，采取切实措施努力解决他们的困难。作为广大职工的“娘家人”，各级工会对职工的生活困难看在眼里，急在心上。一个北风呼啸的严冬，时任中华全国总工会党组书记、副主席、书记处第一书记张丁华，来到曾为国家作出过重大贡献的青海省地质九队，看到破旧的职工宿舍和职工困难的生活情景，他和他的同事们眼睛都湿润了。他动情地说，长年战斗在高原上的地质队员是一支特别能吃苦的队伍，我们要切实帮助大伙儿解决困难——这温暖非送不可！

正是基于这样的现实背景，全国总工会将送温暖活动拓展为“送温暖工程”的举动，才更体现了其作为党领导的工人阶级群众组织对信念的执着、职责的自觉。正如时任中共中央政治局委员、中华全国总工会主席尉健行于1994年4月14日在全国总工会主席团会议上指出的：送温暖工程是在当前形势下发挥工会组织作用的一项重要举措，对于深化改革、发展经济、稳定社会具有重要意义。各级工会组织要高度重视，精心组织实施，切实抓出成效。

拓展为“送温暖工程”后，各级工会更加主动地争取各级党委、政府及社会各界的重视和支持，送温暖活动的空间豁然开朗——

职工扶贫解困深入发展。各地工会集思广益，挖掘出许多行之有效的方法，通过技术、信息、贷款、结对子等方式帮助职工家庭增强“造血”功能。

职工互助互济不断扩大。“一人有难、八方支援。”各地工会发动职工建立“互助补充保险基金”“互助储金会”等，做到少花钱多办事；同时动员政府、企业及社会各界积极捐资成立公益基金，用于救助困难职工。

为失业职工再就业创造条件。各地工会把妥善安排企业富余人员、失业职工，使其早日重新就业，作为帮助这些职工家庭摆脱贫困的重要途径，因地制宜地进行职业介绍、开展培训、建立扶贫解困市场、兴办经济实体……多层次多渠道开辟就业门路，安置生活困难的职工。

关心离退休职工的生活。各地工会通过发放优待证，建立退休职工管理组织、兴办经济实体、组织离退休职工参加文体活动等方式，切实帮助离退休人员解决困难，使他们“老有所养、老有所为、老有所医、老有所乐”。

助力困难企业扭亏增盈。发挥工会组织优势，建立工会与困难企业联系制度，努力帮助具有发展前途的困难企业摆脱困境，提高经济效益，从根本上解决职工的生活困难。

……

同时，纳入社会系统工程的运作轨道，又将送温暖活动提升到关注贫困职工社会现象的高度，从而使送温暖活动具有更深层面上的社会现实意义。此后每年元旦、春节期间，各级工会都与党政领导一道，深入困难企业和困难职工家庭，开展大规模的送温暖活动，一些省市的党政主要领导还亲自担任送温暖工程领导机构的领导成员。

更让广大工会干部感到欣慰和自豪的是，送温暖工程得到了党中央的高度重视和支持。1995年2月9日，时任中共中央总书记、国家主席、中央军委主席江泽民对全国总工会党组《关于送温暖情况的简要报告》作了重要批示：送温暖是我们党的好传统，要发扬。江泽民等中央主要领导同志还带头参与元旦、春节期间的送温暖活动。1995年初，江泽民同志在数九寒冬亲赴张家口，慰问群众。同年12月，他又风尘仆仆地来到兰州石油化工机器总厂，看望并慰问困难职工。此后，江泽民同志每年都要和全国总工会的领导同志一起，到基层访贫问苦，向职工群众拜年。他在1997年1月看望北京第一棉纺织厂下岗职工时，要求各级党委和政府高度重视这个问题，着力解决下岗职工的困难。同年12月，他在慰问职工时说："元旦来临，春节也快到了，希望大家抓紧工作，把送温暖的工作做好，把群众的生产、生活安排好，把市场供应搞好，让人民群众都过好年。"

中央其他领导同志每年也都到困难企业和困难职工家庭慰问。很多中央领导同志都对送温暖或解决群众的困难作过重要的讲话和批示。

各级党委、政府的关怀和支持，为送温暖工程注入了强大动力，推动着这一民心工程裂变出更多的正能量。据统计，仅 1995 年“两节”期间，全国总工会共发放慰问金 1500 多万元，近 40 个慰问团走遍了全国 30 个省市区，走进停产、半停产企业 600 多家，走访慰问各类困难职工 1500 多户近 2000 人。

另据不完全统计，从 1992 年至 1995 年，各级工会会同当地政府共筹集近 4 亿元基金用于送温暖活动，有效缓解了困难职工的生活压力。

由“输血”到“造血”

简单的钱物只能缓解下岗失业的困难职工一时的生活压力，提高企业和职工的“造血”能力，才是脱贫的根本。

在实施送温暖工程中，面对越来越多的困难企业和困难职工，各级工会日益认识到，仅有一次性救济慰问，解决不了困难职工的问题，只有做到“输血”与“造血”并举，既通过“输血”帮助困难企业、困难职工恢复元气，又助推他们增强“造血”能力，才能走上解困脱贫之路。

就帮扶亏损企业而言，从政府到社会各界，都要群策群力，既协助企业搞好外部有关政策的衔接，帮助解决影响企业发展的外部因素，搞好有关优惠政策的落实，又要帮助企业挖掘潜力，搞好内部管理和经营核算等，努力使一些企业起死回生，获得第二次生命。

至于对困难职工的帮扶，就是对那些有一定劳动能力和技能，因岗位、技术、资金条件“供血不足”造成困难的职工，对其进行“造血”。途径主要有两个：一是通过分流安置、职业介绍、转岗培训等，使其获得新的就业岗位和就业技能；二是对那些从事个体劳动、发展三产、自谋生路的下岗失业职工，提供必要的场地、资金、技术以及优惠的政策，以期取得事半功倍的成效。

基于这样的认识，到 1996 年底，各地工会都将帮扶困难企业提上重要日程，尤其是明确将实施“送温暖工程”与再就业工作紧密结合起来，大力开展职业培训和职业介绍服务工作，促进劳动力市场建设，通过向下岗失业人员提供就业信息、提供小额借款、赠送就业工具和免费培训就业实用技术等形式，千方百计地帮助他们提高就业能力，尽快实现再就业。

杨仲芳原是上海市纺织工会的一名财务干部，后因眼疾导致视力急剧下降，不能再从事数字工作，便到纺织工会三产“上海纺织职工劝业服务公司”工作，专门从事企业富余人员的安置工作。

1993年，上海纺织产业进入大规模调整期，大量下岗职工开始涌现，为了千方百计地帮助下岗职工找到新的工作岗位，上海市纺织工会在沪西地区成立了全国第一家工会系统的职业介绍所，由杨仲芳担任职介所所长。那一年，她已52岁。

对于做职业“红娘”，杨仲芳是半路出家，在任所长之前，她对职介工作可以说是一窍不通，但是秉承着工会干部“妈妈心、婆婆嘴、闲不住的两条腿”的那股精神，她边工作边学习，从不懂到懂，慢慢成为一个职介行家。

“当初，职介所没有专门的电话，靠门卫仅有的一部电话机联络，有时一天要接听上百个电话，一听到电话铃声，我就两头跑，成千上万个用工信息通过这根小小的电缆编织起一张巨型的职介网，线的这头是数以百计的用工单位，线的那头是千千万万个翘首以盼的企业领导。一时间，我这个小小的中转站热闹非凡。纺织工会领导专门为我配备了2台电话和3个工作人员。紧接着，纺织工会又在沪东地区成立了沪东职介所，并建立了全国工会系统第一家‘再就业工作部’。”

杨仲芳竭尽全力为下岗职工服务，在她和同事们的努力下，大批下岗工人走上了新的工作岗位。上海市纺织工会沪西职介所成了有口皆碑的信得过的职介所，她本人也被评为上海纺织系统再就业工作“十佳职业红娘”，成为全国纺织系统再就业工作金牌获得者。

杨仲芳的经历，从一个侧面反映了在国企改制不断深化，下岗失业人员不断增多的时代背景下，各级工会组织和广大工会干部的担当和作为。

以上海纺织行业为例，1994 年，纺织压锭拉开大幕，150 万枚纱锭转眼间被砸成一堆堆碎块，全市 40 多万名纺织工人遭遇下岗，失去了生活重心。砸锭，这是国家宏观经济调整的需要，但是，遭受下岗冲击波的 40 多万名纺织工人背后，却隐含着重大的社会问题。因为，一个下岗工人背后，就是一个焦虑的家庭，更何况，这支曾经辉煌的产业大军中，大多数是有家累的女性。事实上，上海纺织系统在调整过程中已经出现了一个特困群体，全系统低于社会最低保障线的家庭每年有 1 万户左右。

因此，如何做好下岗职工的安置工作，特别是引领、扶持这些面临人生急转弯的纺织女工们再闯新路，对作为职工“娘家人”的工会组织来说，是不可推脱的责任，更是难以辜负的信任。

为鼓励和帮助下岗职工闯出人生新路，上海纺织工会相继建立起纺织工会、公司工会和基层工会三级职介网络，投资建立再就业培训基地，开设家政服务、美容美发、计算机、财务上岗等培训项目，坚持对下岗职工施行免费职介、免费培训，为他们走向市场、竞争岗位提供实实在在的帮助。同时要求广大工会干部千方百计地为职工再就业牵线搭桥，每位工会干部每月至少为2名下岗职工介绍岗位。

特别值得一提的是，在工会的积极推动下，1995年，上海航空公司从2317位应聘的纺织女工中，最终录取了18名“空嫂”。这其中，就包括后来成长为全国劳模的再就业明星吴尔愉。

下岗女工飞上蓝天引发的“空嫂”热，为纺织职工再就业产生了积极的社会效应，“下岗工人连天都能上，还有什么工作不能做呢?!”在上海市纺织工会沪西职介所，用工单位蜂拥而至，招工的岗位不再局限于保洁、安保、超市营业员一类，用工质量、岗位需求明显上升。

上海纺织工会和纺织女工再就业的历程，其实是全国各级工会助力下岗失业职工再就业的生动缩影。

特别是自1997年起，我国开始对国有经济进行战略性调整，国有企业战略性改组步伐加快，但在一大批优势企业脱颖而出的同时，也有不少企业陷入困境。党的十五大和十五届一中全会提出了“用三年左右的时间，使大多数国有大中型亏损企业摆脱困境，力争到 20 世纪末大多数国有大中型骨干企业初步建立现代企业制度”的要求，而这一改革目标的实现，是以数以千万计的职工下岗失业为代价的。

因此，如何引导帮助下岗职工实现再就业，已不仅仅是经济问题或是社会问题，而是重大的政治问题。

1997 年 11 月，也就是距党的十五大报告明确提出“党和政府要采取积极措施，依靠社会各方面的力量关心和安排好下岗职工的生活，搞好职业培训，拓宽就业门路，推进再就业工程”两个月后，全国总工会召开了全国工会实施送温暖、促进再就业经验交流会，会上提出十项措施，强调在为困难职工送温暖，协助政府保障职工基本生活的同时，促进下岗职工再就业，增强职工的自我“造血”功能。

然而，增进职工的“造血”功能又谈何容易。1997 年下半年至 1998 年 3 月，全国总工会宣教部就全国工会开展下岗职工再就业培训工作情况，分别到北京、吉林、山东、江苏、安徽、浙江、四川、湖北、湖南、山西等地进行调研，并向全国各省、自治区、直辖市总工会下发了《关于各地工会1996—1997年开展下岗职工再就业培训情况调查表》。调查结果显示，随着企业改革力度的加大，职工下岗失业现象日趋严重，再就业培训形势十分严峻，一方面，下岗职工数量大、分布集中、再就业难度很大；另一方面，尽管再就业培训工作已得到党和政府的高度重视，但形势严峻。

比如，下岗职工主要集中在老工业基地和传统行业，仅东北三省的下岗职工总数就高达324.8万人，其中辽宁一个省的下岗职工人数已突破160万人。而且，下岗职工中女职工多、文化程度较低、年龄大、工龄长，特别是技能单一等特点，又极大地束缚了其再就业能力。与此同时，培训机构数量有限，培训能力与下岗职工人数严重失调。据湖北、湖南、辽宁等省推算，培训能力仅占失业下岗职工总人数的20%，由于缺乏统一的协调与管理，造成培训科目设置重复，教育资源未被合理、充分利用，培训与就业脱节等，再就业培训任重而道远。

针对这一现状，各级工会首先在认识上将再就业工程作为工会直接有效地为改革、稳定与发展大局服务的重要责任和义务，主动与政府劳动部门、企业行政以及社会各方面协调配合，努力将工会再就业培训工作纳入各级政府再就业工程规划，同时发挥工会优势，开辟工会再就业培训工作的主战场，如发挥工会各类职工学校和文化宫、俱乐部、职工技协的作用和技术人才集中的优势，充分挖掘基层工会的资源潜力，建立用工信息、职业培训、技能鉴定、介绍就业四位一体的培训体系，并加大投入，筹措资金，建立经费保障体系，等等。

据统计，为协同政府和企业促进下岗职工再就业，到 1997 年底，工会已在全国 100 多个城市创办职业介绍服务机构 300 多个，累计介绍失业或下岗职工重新就业 30 余万人次。在 1995 年到 1997 年的三年间，全国各级工会建立了 1300 多个职业技术培训机构，工会各类职工学校、文化宫、职工技协等文化教育阵地举办职业技术培训班 3.4 万期，近 1000 万人次职工参加了工会举办的各类培训。

与此同时，各级工会配合政府重点帮扶一到两个仍有发展前途的困难企业扭亏为盈。几年时间，便为近4000家亏损企业实施了帮扶，其中，有814家当年就实现了扭亏为盈，816家减亏或停亏。

全国总工会还和国务院扶贫开发领导小组共同组织实施了“万人工培”计划，即从1994年到2000年，每年组织来自国家重点扶持贫困县的一万名职工，到发达地区的企业和先进企业学习生产技术和管理经验，有效地促进了贫困地区企业的技术进步和经济效益的提高，助力贫困地区的企业和职工增强“造血”功能，从根本上摆脱贫困。

“建立了市、县（区、局）和基层三级管理档案，经常对困难企业和困难职工进行逐户调查，在摸清底数的基础上，对特困职工登记造册，建立了特困职工管理、干部帮扶档案和职工生活情况定期报告制度，实行了微机化管理。目前，已将9787户特困职工家庭情况和1150户包扶档案输入微机，每季度进行一次复核审查，做到随时了解掌握困难企业生产和职工生活困难的动态情况。”

——这是1997年全国总工会保障部介绍黑龙江省鸡西市扶贫解困工作实现社会化、制度化的材料中提及的。

为困难职工建立档案，是工会推动送温暖活动走向制度化的一项重要举措。

1996年12月25日，全国总工会办公厅下发《关于印发〈建立生活困难职工档案制度暂行办法〉的通知》，要求各省、市、县、企业工会四级分别以特困职工家庭为主要对象，以城镇居民最低生活保障线作为划线标准，建立特困职工档案并实行动态管理。

这个通知并非临时之举。随着送温暖活动的深入实施，特别是拓展为送温暖工程后，各级工会在工作实践中发现，要实现送温暖活动经常化、制度化和社会化，一个基本前提是对困难职工群体做到底数清、情况明。但由于困难职工无论人数还是困难程度都时时在发生变化，要做到这一点并非易事。于是，针对特困职工建立档案制度，进而实现对他们的动态跟踪和管理，成为各地工会不约而同的做法。

在广东省汕头市，汕头市总工会于1994年便在全省率先建立了特困职工档案，实施网络化动态管理，做到准确掌握特困职工的困难情况，从而确保“送温暖”活动及时开展。后来，汕头市总工会又在健全特困职工档案的基础上，建立重点特困职工生活动态跟踪的报告和帮扶制度，尽可能及时帮助他们解决一些燃眉之急。同时，据此确定“特困职工基本生活优待证”的发放范围，整合医疗、子女教育、住房租金、粮油水、电等各方面资源保障特困职工的基本生活。

在全国层面，加快建立特困职工档案步伐，则与城市低保工作的推进密不可分。1996年8月，全国总工会向国务院报送了《关于建立城市最低生活保障制度的建议》，在此推动下，1997年9月2日，国务院下发《关于在全国建立城市居民最低生活保障制度的通知》，明确要求至1999年9月底，全国所有667个城市、1638个县政府所在地的镇，全部建立城市低保制度。显然，积极推动城市低保制度的建立和完善，协助民政部门做好城市低保工作，各级工会责无旁贷。

在这一背景下，工会建立特困职工档案，意义尤为重大。事实上，特困职工档案制度的建立，对于准确掌握特困职工的底数，帮助困难职工纳入低保范围，进而完善城市居民最低生活保障制度以及有针对性地制定和实施帮扶措施，发挥了十分重要而积极的作用。与此同时，特困职工档案制度的建立，也为工会参政议政和党政部门制定相关政策提供了依据，得到了政府有关部门的充分肯定。

到 1997 年，即全国总工会发布《建立生活困难职工档案制度暂行办法》仅 1 年时间里，全国已有近 400 个地市、1500 多个县（市）和 12.5 万个基层单位建立了困难职工档案，为送温暖活动的制度化奠定了最重要的基石。众所周知，只有制度化，才能统一和规范送温暖活动的宗旨、对象和渠道，特别是与受国家法律保护的社会保障接轨，才能使这一活动上升到人们共同遵守的办事规程或行动准则的层面，才能使其不因人为因素和客观原因导致中断或终止。

可喜的是，在建立特困职工档案制度的基础上，各地工会又因地制宜地推出一系列旨在从根本上解决困难职工群体问题的更有效、更长远的办法、机制。比如，江苏省常州市针对当时弱势群体面临的工作、生活、看病、子女读书四大问题，相应地建立了金桥助工机制、贫困救助机制、医疗保障机制、帮困助学机制四种救助机制；浙江绍兴县则通过政策扶助、系列救助、特困特助等多种形式，着眼于建立“长效工作机制”等，都为困难群体从根本上解脱贫困提供了制度上的保障。

在送温暖活动走向经常化、制度化和社会化的历程中，1996 年绝对是有着标志性意义的一年。全国总工会继发布《建立生活困难职工档案制度暂行办法》后不久，又于 1996 年 11 月 6 日发布了《送温暖工程基金管理暂行规定》（下文简称《暂行规定》），在总结各地工会创建扶贫基金做法和经验的基础上，言简意赅地对“送温暖工程”基金的性质、来源、用途及管理进一步加以规范。

比如，《暂行规定》明确“送温暖工程”基金是在政府、企业和社会的支持下，由工会负责筹集、管理和使用的，帮助困难职工克服暂时困难而建立起来的公益性、互助性资金；广泛筹集送温暖工程基金，是“为推进送温暖工程，做好困难职工及其家庭的基本生活保障工作”；基金采取多种渠道、多种形式筹集，主要来源是政府拨款，工会经费结余拨款，企事业单位、社会团体和个人的捐助，基金利息和其他合法收入；基金的用途，主要是为具备脱贫条件的困难职工开展生产自救提供适当的借款，为兴办扶贫经济实体提供适当的借款，对收入过低和因意外灾害等造成特殊困难职工的临时性困难补助，对困难职工家庭的慰问；基金的管理机构可根据各地的实际情况，实行理事会制、管理委员会制或领导小组制等，成员由工会和主要捐资单位代表组成，等等。

《暂行规定》的发布，为送温暖基金筹集机制的完善提供了有力的制度保障，一方面，进一步畅通了向政府和社会多元化筹集送温暖基金的渠道；另一方面，加快了工会经费使用方向和支出结构的调整步伐，加大对工会送温暖工程的资金投入，不断增强工会送温暖的实力，提高了对困难职工的救助功能。

因为，在国家财力有限而待帮扶的困难群体数量又较大的情况下，送温暖活动要实现变向被救助人员“输血”为“造血”，社会化尤其是资金筹集社会化是必须畅通的出路。只有社会化，才能通过多元渠道筹集送温暖资金、资源，才能使“送温暖”本身具有“造血”的功能，积聚起更多更大的人力和物力。

在吉林省吉林市，吉林市总工会 1994 年即向全市职工提出了“少吃一斤肉，少花一元钱，人人献爱心”的口号，筹集扶贫资金，各级工会创建的扶贫基金组织很快发展到 86 个，全市扶贫基金达 500 多万元，帮扶 36 个停产待工企业摆脱困境，创经济效益 120 多万元，5 万多名困难职工从中受益。

在上海，上海市总工会早在 1988 年就成立了市职工救急济难基金会；1994 年又先后成立了上海市社会帮困基金会和上海市总工会物资互助中心，特别是物资互助中心的成立，启动了面向困难职工的实物帮扶模式；自 1997 年起，上海市总工会又在每年 1 月号召职工捐一天工资，“爱心一日捐”的捐款全部用于建立或充实各级工会帮困送温暖基金，从而形成了现金救济与实物救济相结合的职工救助体系。

……

据不完全统计，到 1997 年，全国已有 27 个省级工会、450 个地市级工会和 2200 多个区县级工会建立了送温暖工程基金，基金总额达 16.5 亿元；到 1998 年 5 月，则跃升为 517 个市级工会、2580 多个区县级工会、17000 多个基层工会建立了帮困基金，基金总额达 22 亿元。

凭借实力日益雄厚的送温暖工程基金，各地工会在帮助困难职工解决生活困难的同时，扶持其开展生产自救。一些地方工会还通过采取小额借款的方式，对困难职工开办各种小规模生产经营项目提供资金以及技术和信息等方面的帮助，变“输血”为“造血”，帮助他们脱困致富。

更重要的是，这些制度和机制的建立，促进了送温暖方式的转变，使“送温暖”工作逐步由节日型向经常型转变、由救济型向自救型转变、由个体型向群体型转变、由单一型向社会型转变，工会送温暖活动开始向纵深发展，实现了经常化、制度化和社会化，从而朝消除困难职工的贫困根源方向迈进了关键的一步。

这是一篇中央主流媒体关于工会送温暖的报道，标题是《湖北各级工会送温暖实现“四个转变”》。文章称，湖北省送温暖工程的第一个转变是由季节型转向经常型。全省形成了具有工会特色的救助机制和帮扶网络，从而使季节型的送温暖变成了常年不走的温暖工程。第二个转变是由救济型转向自救型。通过建立社区服务示范基地、无息借款等方式，帮助部分下岗职工开展生产自救。第三个转变是个体型转向群体型。即采取多种措施，帮助困难职工中的一些群体集体实现就业与脱贫。第四个转变是从单一型转向社会型。湖北省总工会广泛调动全社会力量关心支持特困职工的帮扶救助工作。

其实，有此转变的岂止湖北省?!

正是本着为党和政府分忧、为职工群众解难的初心，各级工会与时俱进地开展送温暖活动，不断丰富发展其内涵与外延、内容与形式，以前所未有的规模和声势，把党和政府的温暖送到职工群众的心坎上，在神州大地上一次次奏响爱与责任的交响曲！

第二章

第一责任人

提升送温暖新高度

纵观世界工运史，恐怕没有一个工会组织能够在职工陷入困境时，豪气冲天地承诺，要对特困职工承担起“第一责任人”的职责。

然而，中国工会这样说了，更这样做了。

1999年底，正值国有企业改革进入攻坚阶段和实施三年解困目标的关键时期，全国总工会十三届二次执委会议明确提出，各级工会要在大力实施送温暖工程积极协助政府妥善安排好下岗职工的基本生活、帮助下岗职工实现再就业的同时，对特困职工承担起“第一责任人”的职责。这意味着送温暖工程的重点已从帮扶特困职工向维护困难职工群体合法权益延伸，并努力推动其与完善社会保障制度相结合。

自此，本着对特困职工自觉做到感情到位、责任到位、工作到位的理念，工会送温暖活动又向新的高度进发！

“第一责任人”不是虚的

工会“第一责任人”的提法，始于1998年10月召开的中国工会第十三次全国代表大会。

在党的十五大已就国有经济战略性调整、国有企业战略性改组作出战略部署的现实背景下，中国工会十三大在确定未来几年工会的工作指导方针时，明确将“关心职工生活，实施送温暖工程，促进下岗职工再就业”作为工作重点，并强调工会要对特困职工承担“第一责任人”的职责，雪中送炭，千方百计地去解决特困职工的困难，要把下岗职工的基本生活保障、失业保险和城市居民最低社会保障这三条保障线落到实处，保证不让一个特困职工生活过不下去。

值得一提的是，同一年下发的《中华全国总工会关于建立职工补充保障体系的意见》，对建立以帮困援助、互助合作、促进就业等为基本内涵的职工补充保障体系工作进行了全面诠释。

1999年10月8日，全国总工会十三届主席团第三次会议在京召开，围绕贯彻落实不久前闭幕的党的十五届四中全会精神，充分发挥工人阶级在推进国有企业改革和发展中的主力军作用，时任中共中央政治局常委、中华全国总工会主席尉健行在会上讲话提出，要“从工会的性质出发，以改革的精神和创新的胆识，着力在工会的组织体制、运行机制、活动方式和工作内容等方面进一步突出和履行维护职能，实现工会工作的‘五突破一加强’”。而第一个突破，就是“积极协助党政做好国有企业减员增效、下岗职工基本生活保障和再就业工作，深入实施送温暖工程，对特困职工承担‘第一责任人’职责的工作要有新的突破”。

两个月后的12月17日，尉健行同志在全国总工会十三届二次执委会议上发表题为《认清形势，明确任务，在推进国有企业改革和发展中充分发挥工会组织的作用》的讲话，再次指出，“实现协助党政做好下岗职工基本生活保障工作，深入实施送温暖工程，对特困职工承担‘第一责任人’职责的工作的突破，就是要站在讲政治和维护稳定的高度，以深厚的感情，关心职工的疾苦，倾听职工的呼声，反映职工的要求，实实在在地为职工说话办事、排忧解难，做好‘雪中送炭’的工作”。

此次执委会上通过的工作报告，也进一步明确要求各级工会“要积极协助党委、政府（行政）做好减员增效、下岗职工基本生活保障和再就业工作，深入实施送温暖工程，对特困职工承担‘第一责任人’的职责”。

至此，在全国总工会层面，关于工会组织对特困职工承担“第一责任人”职责的工作要求，已十分明确而坚定。

全国总工会“第一责任人”的要求一经提出，即引发社会的广泛关注。特别是进入2000年后，“工会要做帮扶特困职工‘第一责任人’”的提法更是频频见诸新闻媒体。那么，“第一责任人”的含义是什么？

对此，全国总工会有关部门负责人在接受媒体采访时，明确地表示，工会当好帮扶特困职工的“第一责任人”，主要是要负起政治责任。这是形势发展对工会工作提出的新要求，同时，也为工会深入实施送温暖工程注入了更加具体实在的内容。“第一责任人”具体包括三方面的工作。一是第一知情人，即对特困职工的情况要知情；二是第一报告人，即对特困职工生活中工会解决不了的困难，要及时向党委和行政报告，一起研究解决；三是第一帮助人，即工会组织要尽可能地帮助特困职工解决生活上的困难。

从中不难看出，“第一责任人”不是一句口号，而是包含着沉甸甸的责任。对一直在送温暖征程上不懈跋涉的各级工会来说，“第一责任人”所蕴含的第一知情人、第一报告人、第一帮助人职责，为工会更好地发挥党和政府联系职工群众的桥梁和纽带作用，肩负起代表和维护职工群众利益的责任，不愧为职工群众的“娘家人”，进一步厘清了思路，指明了方向。

2000 年 1 月 9 日至 15 日，在全国总工会十三届二次执委会议明确要求各级工会对特困职工承担“第一责任人”职责后不久，全国总工会政策研究室组成调查组，就天津市总工会深入实施送温暖工程，对特困职工承担“第一责任人”工作的情况进行了专题调研。以下为调研报告的部分内容——

全国总工会提出工会要承担帮扶特困职工"第一责任人"职责的要求后，天津市总工会以此统一各级工会干部的思想，率先提出工会对特困职工承担第一责任人，就是要做第一知情人、第一报告人、第一协调人、第一帮助人。

第一知情人，就是通过全市六级工会组织网络，及时掌握特困职工的生活困难及其变化情况，层层建立特困职工档案，实行微机联网动态管理，做到家庭状况、实际收入、特困原因、技术特长、就业要求、思想状况、生活变化"七清"。第一报告人，就是在对特困职工实行建档立卡、跟踪调查、动态管理的基础上，发现基本生活有可能过不下去的，要及时向同级党政报告，并采取有效措施，及时解决实际问题，对难以解决的急迫问题，按预警程序及时报告上级工会，由上级工会报告同级党政，共同研究和采取措施。第一协调人，就是加强与企业行政和政府有关部门沟通协调。第一帮助人，就是工会组织要力所能及地对特困职工实施帮助，千方百计地帮助特困职工解决工作和生活中的实际困难。

为实施送温暖工程和当好特困职工“第一责任人”，天津市总工会逐步形成了以六项制度为基本框架的送温暖工程机制：1. 底数翔实、运行有效的特困职工动态管理制度。2. 责任明确、上下联动的特困职工生活包保制度。3. 针对问题、及时沟通的多方协调制度。4. 热线联系、灵敏快速的特困职工动态预警制度。5. 立足基层、益在职工的互助互济制度。6. 千方百计、尽心竭力地为困难职工办实事制度。

通过各级工会组织的不懈努力，天津市实施送温暖工程取得了突破性进展。一是送温暖工程已成为保障特困职工基本生活的一道离不开的防线。自 1995 年以来，天津市工会系统筹集的送温暖基金达 1.2 亿元，平均每年帮扶特困职工累计达 69600 多户，其中 9300 多户已实现脱贫。二是通过实施送温暖工程帮助一批困难企业扭亏为盈，从根本上保证了职工的基本生活。工会系统通过组织职工技术创新、帮助企业开拓生产经营新思路等多种方式，重点扶持了 169 户中小型困难企业，目前，已有 146 户实现了减亏或扭亏为盈。三是实施送温暖工程为维护社会稳定发挥了重要作用。目前，职工消费合作总社已建立直销店22个，配送中心3个，基层社3160多个，帮助下岗职工、困难职工建立连锁点（店）300多个，全社共安置下岗职工1500多人，每年向职工让利3000多万元。

天津市的广大工会干部一致认为，在帮扶特困职工的问题上，尽管工会不可能把所有问题包揽下来，但只要感情到位、责任到位、工作到位，工会就一定能够有所作为。他们创造性地实施送温暖工程，率先而勇敢地回答了工会对特困职工承担第一责任人的职责，就是要做第一知情人、第一报告人、第一协调人、第一帮助人，鲜明提出和深刻揭示了“四个第一”的核心是“第一责任心”这一贯穿工作全过程之中的活的灵魂。天津市各级工会之所以能在实施这一系统工程中取得突出成绩，关键就在于此。

窥斑见豹，天津市总工会对承担“第一责任人”的思想认知、采取的措施及取得的成效，生动地展现了各级工会如何当好“第一责任人”的不懈努力和艰苦付出。作为党和政府联系职工群众的桥梁和纽带，工会当好第一知情人、第一报告人是义不容辞的责任。事实上，各级工会组织一直是这么做的，大家通过建立健全特困职工档案等方式摸清底数，通过调查研究抓住下岗职工、特困职工关心的热点、难点、重点问题，既及时向各级党委、政府汇报情况，协调有关部门和社会各方面解决问题，又积极参政议政，注重从源头上维护职工群众的合法权益。

相对于第一知情人、第一报告人来说，要当好第一帮助人，需要工会采取更多的实际行动。值得一书的是，无论是发展壮大送温暖工程基金，还是进一步增强送温暖工程的经常性救助功能；无论是加快推进送温暖工程社会化步伐，还是积极协助党和政府做好下岗职工的再就业工作……各级工会基于责任和担当的不懈探索和创新，不断拓展着工会送温暖活动的新空间。

系统工程需要社会总动员

送温暖工程作为一项社会系统工程，绝非权

宜之计。工会组织虽然自我加压，提出承担“第一责任人”的职责，但客观上工会不是唯一的责任人。反之，工会要搞好这项工作，必须紧紧依靠党政领导的重视和支持，紧紧依靠职工群众的群体智慧，紧紧依靠社会各方面的共同力量。否则，工会“第一责任人”的职责也难以落到实处，送温暖工程更不可能深入持久地实施。

事实上，实施送温暖工程，涉及面广，政策性强，单靠工会自身的力量是不行的。更何况，工会实施送温暖工程不是对解决困难职工生活问题的“大包大揽”，而是对党政工作和社会保障体系的“拾遗补阙”；不是对职工生活的“锦上添花”，而是对特困职工的“雪中送炭”。因此，必须在党和政府（行政）的支持下，动员企业职工和全社会的力量，群策群力，为困难企业、困难职工排忧解难，多办实事、好事。

基于对送温暖工程准确、合理的定位，各级工会切实当好党和政府联系职工群众的桥梁和纽带，一方面加强与企业行政和政府有关部门的沟通协调，包括争取对特困职工实行多种帮扶措施，落实有关优惠政策的措施，建立和完善帮扶特困职工机制与制度等；另一方面积极落实领导干部联系和帮扶特困职工包保责任制，对困难企业和困难职工都施以“输血”与“造血”并举的帮扶措施。

2000 年 7 月，在工会组织的积极推动下，黑龙江省委决定在全省实施城市“一帮一”扶贫解困工程——组织党员干部和社会各界人士与城市特困职工结成对子，中央和省直属单位与特困职工所在企业实行一对一帮扶，三年为一个周期，通过精神扶志、生活扶贫、能力扶技、经济扶业，帮助城市特困职工和特困企业逐步走出困境。

全省城市“一帮一”扶贫解困工程领导小组办公室设在黑龙江省总工会，具体负责全省“一帮一”工程的协调指导、政策咨询、跟踪问效，以及扶贫项目的立项、考核、批准等日常工作。省里把全省机关干部职工当年半年的取暖补助 5000 万元作为“一帮一”工程资金，由“一帮一”办公室统一使用。

黑龙江省各级工会组织积极发挥多年帮扶困

难职工的经验和组织体系的作用，将“一帮一”工程与“送温暖工程”有机结合起来，深入调查摸底，为特困职工建立档案，纳入帮扶网络，使工会多年来开展的送温暖活动步入了社会化、制度化和经常化轨道。同时，工会组织参与其中，使工会“第一知情人、第一报告人、第一监督人”的职责得到很好的落实。

在第一轮城市“一帮一”扶贫解困工程中，全省就有 13 个地市、三个产业（农垦、铁路、林业）和中省直 73 个厅局共计 8465 个单位参加了扶贫工作，共帮扶特困企业 4150 个，16.9 万多名党员干部与 15.9 万多名特困职工结成对子。

就在黑龙江大力推进城市“一帮一”扶贫解困工程的同时，类似的领导干部联系困难企业、困难职工制度也在全国各地有声有色地开展起来。湖南工会推动的“双联活动”就是一个突出的典型。

1998 年，湖南省株洲市总工会在总结过去“大厂帮小厂”“富厂帮穷厂”结对子送温暖活动经验的基础上得到启示，率先在全省开展了“党政机关联系困难企业，机关干部联系困难职工”的“双联”活动，在帮助被联企业和职工解决困难、维护职工队伍稳定等方面取得了明显成效，得到了省里的高度重视和社会的广泛关注。

在湖南省总工会的积极推动下，1999 年，省委、省政府在株洲市召开“全省推行‘双联’制度现场经验交流会”，对该项工作进行总结推广。2000 年，湖南省委、省政府成立了省“双联”工作领导小组，由省委副书记任组长，省政府副省长和湖南省总工会主席任副组长，省直有关单位负责人为成员，办公室设在湖南省总工会。

按照省里的要求，市、县两级党委政府和广大参联机关成立了“双联”工作领导小组，广泛组织动员党政机关和干部联系困难企业和职工，帮助解决现实困难。

“双联”活动有效调动了社会力量对帮扶工作的支持，使职工权益维护和困难职工帮扶社会化的路径越来越明晰，特别是在将“双联”活动与促进企业改革发展、困难帮扶、促进再就业和维护社会稳定相结合方面，成效显著，很快成为湖南省维护企业稳定、帮助企业和困难职工解决一些生产生活问题的特色扶贫帮困工作。

截至2005年，全省共有9817个机关部门联系困难企业5037家，注入引进资金20.34亿元；230229名机关干部联系困难职工210820人；通过“双联”帮助下岗失业人员164970人。

应该说，在实施送温暖工程过程中，注重与有关方面特别是党委、政府紧密配合，整合各方资源，帮助困难企业扭亏为盈，帮助困难职工脱贫解困，一直是各级工会的自觉行动。早在开展送温暖活动之初，全国总工会就要求县市以上工会每年选择若干家符合国家产业结构调整方向、具有发展前途的困难企业，进行重点扶持，助力企业扭转困难局面。

随着送温暖工程的实施和“第一责任人”的提出，特别是2000年底召开的全国总工会十三届三次执委会议提出把送温暖工程从帮扶特困职工向维护困难职工群体权益方面延伸，各级工会适应新的形势发展，在这方面迈出更大的步伐。

其中，最为突出的就是领导干部联系困难职工制度得到了广泛推行。

其实，早在 1996 年，全国总工会就出台了《关于建立和完善领导干部联系生活困难职工户制度的意见》。全国各级工会结合当地工作实际，积极动员各级党政工领导干部，与困难职工家庭建立包户帮困联系，形成了“政府领导负责，机关积极参与，工会联络协调，企业主动配合”的工作机制，广泛开展了诸如“一帮一”“双联”活动等，在困难企业解困和困难职工帮扶方面发挥了积极的作用。

在普遍建立联系和帮扶困难企业制度实践中，各级工会把帮扶困难企业、增强自我发展能力作为重中之重，一方面，为企业实现扭亏为盈出主意、解难题；另一方面，积极引导职工开展适应社会主义市场经济要求和企业实际需要的劳动竞赛、合理化建议、技术攻关等群众性经济技术活动，努力为企业摆脱困境献计出力。

当时，武汉市总工会每年选择 40 户符合国家产业政策、扭亏有望的亏损企业，作为全市工会的帮扶对象，通过同二级工会定目标，组织工会干部、技协人员和劳模标兵，深入困难企业帮班子、帮项目、帮资金、帮技术、攻难关，使这些企业实现不同程度的扭亏、减亏。

类似的故事还有很多。比如，吉林市皮革厂因原材料涨价，产品销售价低，被迫停产两年，职工放长假。吉林市总工会为他们贷款扶贫基金24万元，买原材料，上新产品，强化管理，赢得了用户的信赖。同时在工会的推动下，长春第一汽车制造厂与他们签订了长期合同，确定为高级轿车沙发革的生产厂家，从而使这个厂实现了半年发展、半年还贷、半年盈利的突破性变化。

再如，由于煤炭滞销，株洲市一煤矿的职工生活面临严重困难。危难之时，株洲市总工会邀请数十家企业的工会主席扶危帮困，建立供求关系，不仅使这家煤矿出现了转机，也解决了职工的燃眉之急。

坚持“输”与“造”结合，普遍建立领导机关、党政干部联系困难企业、困难职工制度，既整合了各方资源，畅通了企业发展渠道，又架起了党政机关、领导干部与困难企业困难职工面对面、心贴心的交流沟通渠道，特别是一大批领导干部参与到送温暖活动中来，身体力行，作出表率，使得送温暖工程更加深入人心，带动了社会各界和广大职工群众积极参与，形成了“一方有难，八方支援”的社会氛围。

职工互助强化经常性救助功能

开展职工互助互济，向来是中国工会的光荣传统。在新中国成立以前和新中国成立之后很长一段时间，工会帮扶工作主要体现在通过互助互济、生活救助等方式解决职工生活困难问题。事实上，送温暖活动最初就是在生活困难补助和职工互助互济的基础上发展起来的，诸如职工互助储金会、劳动互助等各种形式的互助活动，就是送温暖活动的雏形。

随着送温暖工程的深入实施，各级工会进一步组织引导广大职工发扬互助友爱的光荣传统，与时俱进地丰富发展互助互济活动的形式，如开展爱心捐助、组织贴心人服务队和送温暖志愿者服务队等，以集体互助互济的形式开展扶贫帮困活动，为广大职工特别是老弱病残和离退休职工提供各种日常生活服务，以更好地承担起“第一责任人”的职责。

职工互助互济式的送温暖形式多样、层次丰富，概括地说，主要包括这些扶贫帮困活动：

一是各类送温暖小分队。他们以工会干部、劳模先进人物、工会积极分子为骨干，遍布各行各业各条战线，以困难职工、退休职工、孤寡老职工等为主要服务对象，以理发美发、打扫卫生、修缮房屋、拆洗被褥、买菜做饭、陪护、服装剪裁、婚丧料理、修理日用品和家用电器等为主要服务内容，义务开展送温暖爱心活动。各个送温暖小分队开展的劳务互助活动，虽然内容和重点有所不同，但都是根据职工群众的实际需要，及时解决了他们生活中的困难，赢得了广大职工和社会的广泛赞誉。

二是工友间的专项互助。主要针对职工生活中临时发生的个人难以解决的天灾人祸等较大的困难，在职工群众中开展诸如为单亲职工子女助学、为重病绝症职工捐款、为特困职工家庭捐物等互助互济活动。这些活动既帮助困难职工解决了实际困难，保证了基本生活，又继承和发扬了工人阶级团结友爱、互助互济的优良传统。

三是以基层企事业单位为主的各类经济互助。经济互助是职工在自愿结合的基础上，以储金会的形式，在经济上互相支援、互相帮助。其实，早在新中国成立初期，全国总工会为解决旧社会遗留的失业问题，就发起过救济失业工人的捐款活动，并发布《互助储金会条例》，推动各地基层工会建立“互助储金会”。在送温暖活动中，各地工会在总结储金会经验的基础上，既争取行政支持，又广泛发动群众，建立和发展了救急济难基金、大病医疗互助基金和班组储蓄基金等具有不同程度保障功能的经济互助形式，有效地解决了职工群众的燃眉之急。

以天津为例，截至 1999 年底，全市工会系统救急济难基金总额达 1.24 亿元，建立大病医疗互助基金的企业近半数以上，建立互助储蓄基金的班组（车间）接近 80%。仅纺织工业系统救急济难基金就扶助困难职工 1.53 万人次，扶助金额 100 多万元，起到了应急解难、互助互济的作用。

四是送温暖工程基金（资金）。工会通过建立送温暖工程基金（资金）的形式，帮助困难职工解决生活困难，扶持其开展生产自救。在送温暖资金的筹集上，各级工会从实际出发，坚持两条腿走路的办法。一方面是工会内部节约经费，压缩开支，筹集资金；另一方面，积极争取政府及社会各界的支持，广泛筹集资金。截至1998年底，全国各级工会的送温暖工程基金额已达25亿元。仅1997年的元旦、春节送温暖活动期间，各级工会就筹集了近16亿元的资金，与各级党政一道，慰问了7万多户困难企业和480万户生活困难的下岗职工、离退休职工、在职职工、劳动模范等。同时，送温暖工程基金（资金）的不断发展壮大，也为工会丰富发展送温暖的内涵和形式提供了坚实的基础。

在上海，市、区、县和基层工会在建立送温暖资金时，都专门设立创业基金。2002年，上海市总工会筹集的创业资金达1000多万元，用以资助职工发展再就业基地及作为再就业培训基金。各行业、企业也都设有创业基金。如宝钢集团公司工会筹措了200万元，两年中给25名创业带头人提供了资助；上海轻工业工会及下属工会的创业基金，也给30名创业者提供了帮助。据初步统计，各种创业基金通过贴息形式对300多家生产自救企业予以资助，直接扶持创造的岗位达4000多个。

五是工会劳动福利事业。各级工会大力兴办和发展工会劳福事业，如兴办职工消费合作社、职工建房合作社等，一方面坚持源头进货，薄利多销，减少困难职工的生活支出；另一方面努力扩大规模，积极参与竞争，不断增强实力，使各级工会的劳动福利事业在安置下岗职工、帮扶困难职工、惠及全体职工方面发挥了重要作用。以职工消费合作社为例，自1994年开始兴起，到1996年底，全国职工消费合作社已发展到6000多个，入社职工达500多万人，可见其受欢迎程度。

这是当时媒体对北京职工消费合作总社的介绍——

北京市职工消费合作总社成立于1998年9月，与之同时成立的还有京工汇苑配送中心。其运作是通过京工汇苑配送中心对基层社实行统一采购、统一配送、统一价格、统一纳税、统一管理，帮助基层解决货源问题，形成批量优势，从供货厂家得到更优惠的价格，让职工得到更大的实惠。

该总社及配送中心成立之前，北京已有510多家基层职工消费合作社，一直由北京市总工会委托北京市食品配送中心及市旅游商品公司进行日常生活必需品的供应。但近年基层职工消费合作社的发展速度较快，而所委托供货的企业由于经营的需要难以满足消费合作社微利的需求，为此，便成立了消费合作总社及配送中心。

成立仅几个月，北京市职工消费合作总社就通过各级消费合作社向社员让利659万元，受益职工人数达53.8万人，个人入股资金达219万元，安排下岗职工431人。

与此同时，职工住房合作社也同样为改善和

缓解职工住房困难，推进住房制度改革发挥了积极作用。这是媒体当年关于南京市职工住房合作社的报道，从中便可以窥斑见豹——

南京市职工住房合作社创建于 1993 年，在南京市委、市政府及各有关方面的大力支持下、在南京市总工会的直接领导下，面对全市无力购建住房的中小型企事业单位和中低收入的职工，通过政府减免建房税的扶持政策，降低成本，以集资合作建房形式建造开发了三个经济适用房（安居工程）小区，为解决南京市住房困难职工的安居作出了巨大努力，产生了很好的社会效益。

六是职工互助保险。各地工会以职工保险互助会为龙头，兴办各类职工互助补充保险组织，不断建立健全职工保险互助机制。作为对国家法定社会保险的补充，职工互助补充保险早于 20 世纪 50 年代就在我国一些基层工会中出现。改革开放后，随着经济体制改革的不断深入，不同类型、不同形式、不同规模的职工互助补充保险更是不断发展，截至 1991 年底，全国工会系统举办各种类型的职工互助补充保险组织已近 4 万个，参加的人员达 760 多万人。

1991 年，《国民经济和社会发展十年规划和第八个五年计划纲要》中提出实行多层次的社会保险。同年，国务院《关于企业职工养老保险制度改革的决定》也确定了实行国家基本保险、企业补充保险和个人储蓄型保险相结合的原则。在这样的背景下，全国总工会于 1992 年 7 月发布《关于工会举办职工互助补充保险的意见》，明确要求各级工会“站在改革的高度认识职工互助补充保险是具有中国特色的社会保险制度的重要内容”，“不失时机，大力举办职工互助补充保险”。

1993 年，全国总工会创办了具有法人资格的全国性社团互助合作制保障机构——中国职工保险互助会。1996 年 11 月，全国总工会又印发《中国工会职工互助补充保险试行办法》，在强调“举办职工互助补充保险，是工会为职工办实事、实施送温暖工程的一个重要内容”的同时，进一步明确了“职工互助补充保险是由工会组织主办，职工自愿参加，资金以职工个人缴费为主、各方资助为辅，在职工及其家属发生生、老、病、死、伤、残、失业、意外灾害等风险时，给予一定物质帮助的职工互助性保险”。

从此，我国的职工互助保险进入了一个新的历史发展阶段，不但基层工会较为普遍地开展了互助保险活动，省市县和产业工会组织也相继开展了互助保险活动，形成了包括养老、意外伤害、医疗等多形式、多层次的社会互助保险体系。

从“聚小钱，办大事”到“无病我帮人，有病人帮我”，从“平时省一口，灾时得一斗”到“合乎国情，顺乎民意”，职工互助补充保险得到快速发展，不仅达到了“工会办保险为职工解后忧”的初衷，而且把职工互助互济活动上升到社会保障的高度，使其成为整个社会保障体系的一个组成部分，对社会保障具有补充作用。即便在今天，职工互助补充保险依然在全国各地方兴未艾，蓬勃发展。

多种形式的职工互助互济活动，使得送温暖工程的经常性救助功能进一步增强，从而为工会组织承担起对特困职工“第一责任人”的职责，保证特困职工不因生活困难而发生悲剧性事件，提供了有力支撑和保障。

工会推动再就业更上层楼

1998年2月20日，劳动部举行新闻发布会宣布，将推出一项旨在帮助下岗职工转变就业观念、提高职业技能的庞大工程——《“三年千万”再就业培训计划》，即在1998—2000年三年内，组织1000万下岗职工参加职业指导和职业培训，作为再就业工程的配套措施，为下岗职工再就业和国企改革办实事。

其实，早在劳动部推出“三年千万”再就业培训计划之前，各级工会对下岗失业职工的职业培训已开展得如火如荼，并专门就全国工会开展下岗职工再就业培训工作的情况进行深入调研，摸清底数和实情，采取针对性的改进措施。但是，在工会明确“第一责任人”职责后，促进再就业工作显得更加紧迫而重要。毕竟，就业才是民生之基、温暖之本。

所幸的是，各级工会在推进再就业工作中敏锐而快速地实现了转型，即在经历了一个由开始被动安置下岗人员和发放生活补助，到建立再就业服务中心让下岗职工到中心托管，然后引入市场重新就业的过程后，很快就认清再就业服务中心的托管职能是在特定时期承担由计划向市场过渡任务的一个桥梁，其存在时间不宜过长。这就是说，再就业工作要尽快完成向劳动力市场就业机制的过渡，再就业服务中心也要转变为兼有职业培训、职业介绍、职业指导、就业咨询等多种职能的中介机构。

基于这样的认识和理念，工会推进职工再就业工作无论是思路还是途径都豁然开朗，一方面，积极配合政府在分流上下功夫；另一方面，因地制宜、各显神通，在实现再就业上做文章，创造出许多既立足大局、服务中心又彰显工会特色优势的做法和经验。

整合社会各方资源，合力助推下岗职工再就业。各级工会加大源头参与力度，积极参与各级政府再就业工作领导小组各项工作，代表职工利益，提出工会意见，配合做好工作。同时发挥联系广泛的优势，通过各种渠道随时了解信息，争取资源，为下岗职工再就业提供力所能及的帮助。

在武汉，工会干部们主动与用人单位联系，亲自带领下岗职工到用人单位应聘。当了解到社会管理、社区服务方面有用工需求，立即组织下岗职工应聘到街道、居委会从事管理工作，为社区提供家务服务、家庭钟点服务、安装维修服务、房屋装饰服务等。他们还协助工商、城管及街道共同创办街头夜市，安排下岗职工从事新的职业。

地处东北的锦州市总工会，20 世纪 80 年代即以率先在全国创建“职工之家”而著名。1998 年，面对如何协助政府和企业解决好下岗职工的生活保障、技能培训和重新就业问题的时代新课题，锦州市总工会在创建“职工之家”的基础上，又开展了创建“下岗职工之家”活动。各级工会创办“下岗职工之家”，建立下岗职工档案，对下岗职工提供技术培训和再就业中介服务，动员有关部门和学校、科研机构、医院等社会力量，为解决下岗职工生活问题和再就业提供必要的帮助。同时，对那些缺乏再就业能力的职工，由社区、街道给予救助和帮扶来兜底，努力做到“不让一个下岗职工因家庭困难而看不起病，不让一个下岗职工子女因家庭困难而上不起学，不让一个下岗职工家庭生活在最低生活保障线以下”。

组织困难职工集体创业、群体脱困。在实施送温暖工程中，各级工会对年龄偏大、技能单一、自谋职业能力较弱的下岗职工，没有简单地要求他们去个人闯市场，而是发挥工会的优势，把他们组织起来走集体创业的路子。

鞍山市总工会创办的“万帮会社”，便是“把下岗失业职工组织起来，集体闯市场，实现再就业”的突出典型。在解决困难职工的生活问题上，鞍山市总工会一直倡导“帮钱物不如帮技术”的思想。为无自救能力的困难职工实施“输血”政策，对有自救能力的困难职工实行“造血”机制，干部包户扶贫助困到家，组织机关事业单位、效益好的企业同困难职工结对子，开展职工互助补充保险活动，建立送温暖工程基金……包括这些内容的“六法并举”经验在全省乃至全国推广。

1998年4月，鞍山市总工会又创办了万帮会社，通过在社会上公开招聘能人，充分发挥各级工会培养选树再就业明星和劳动模范的作用，集纳了一大批创业人才和带头人，同时吸纳年龄较大、再就业难度大的下岗职工入社，对他们进行护理、厨师、美发等多门技术培训，再组织他们上岗或从事种植、养殖业等实现再就业。短短几年间，万帮会社从无到有、从小到大，滚动发展，形成了品牌效应。截至2003年9月，万帮会社已有20多个社区服务队和70多个再就业基地，树立了132名促进再就业带头人，培训下岗职工53125人次，安置下岗职工49577人次。万帮超市、万帮豆业、万帮酒业、万帮家政、万帮旅行社、万帮无公害蔬菜和万帮编织等，都具有相当的规模和影响。

大力挖掘、培养“再就业带头人”，实现扶

持一个带动一批。鼓励职工向市场要岗位，大胆走向市场实现再就业，是拓宽再就业门路的重要途径。针对下岗职工怕跨出第一步的特点，各级工会充分利用自身组织和干部优势，培育一批生产自救带头人，扶植和帮助下岗职工走上个体经营实现再就业之路，产生“1+1 群”的集体就业效应。

1998 年是工会送温暖举措的创新之年。这一年，地处中原的河南省总工会在全国工会率先实施资金扶持职工创业，即通过实施小额（借）贷款，帮助下岗分流的国有企业失业人员尽快实现再就业。同年制定的《河南省工会小额借款实施办法》显示，针对国有企业下岗失业人员较多的情况，河南省总工会不仅详细规定了借款对象、资金募集、借款期限以及还款要求等，还探索建立了个人借款式、“能人+下岗群体”借款式、优势企业与困难企业结帮扶对子借款式、扶持困难企业职工群体创业借款式等模式，既帮助困难职工个体创业，也帮助困难职工群体开展生产自救项目。

小额借款项目一经推出，社会反响热烈，许多下岗职工由此得到了自我就业和发展的机会。特别是工会小额借款与创业培训、创业孵化结合起来，又通过创业带动更多困难职工就业，实现了职工自助和他助的有效结合，截至 2002 年，河南各级工会累计发放小额借款资金 7000 多万元，扶持近 8 万名下岗失业人员实现了再就业。鉴于开展小额借款项目的良好基础，2002 年，河南省总工会还争取到“全总暨联合国开发计划署加强中国工会能力建设——小额担保贷款项目”，联合国开发计划署、全国总工会与河南省政府、省总工会共同出资 500 多万元作为小额信贷担保金，以郑州、洛阳、焦作三个市为试点，对有能力、愿意吸纳下岗失业人员就业的个体经济组织提供小额贷款资金支持。

另据统计，截至 2003 年底，全国各级工会向下岗失业人员提供小额借款累计为 24559 万元，获得工会提供小额借款的下岗失业人员累计为 11.2 万人，其中 33362 人自我创业成功。

鼓励职工到私营企业就业，不断拓展再就业

空间。20 世纪 90 年代末，就在国有企业实施“下岗分流、减员增效”改革举措时，私营企业却得到迅猛发展，用工需求激增。面对这一现状，各级工会一方面积极协调私营企业的劳动关系，规范优化私营企业再就业环境；另一方面积极引导和鼓励下岗职工到个体私营企业就业，有效拓宽了就业渠道。

上海市普陀区总工会从 1998 年初开始，就提出要找到再就业和非公经济的最佳结合点，帮助下岗职工进入私营企业就业，并架构了“八个一”联动机制，即提出一个倡议、建成一个网络、培育一批基地、转变一种观念、培训一批职工、筹措一笔基金、建立一套制度和树立一批典型，努力在促进非公经济发展和推进再就业工程建设之间铺设一条“绿色通道”，引导职工从计划经济体制下的政府分配就业观念转向市场经济条件下的自主择业观念和劳动力市场化，实现多渠道再就业。

截至 2001 年，普陀区工会组织共联系非公企业用工单位 3653 家，其中私营企业 2617 家，帮助下岗职工再就业8979人次，并按私企、民企的人才需求情况，组织培训12517人次。

与此同时，各级工会进一步坚持以市场为导向，多形式全方位地为下岗职工提供各类职业介绍和技能培训服务，并鼓励企业拓展思路，发展生产、开发岗位，大力宣传推广通过发展生产、开拓岗位帮助职工实现再就业的优秀企业经营者，多管齐下推进职工再就业新格局的形成。

据国家统计局统计，1998年至2001年，我国国有企业下岗职工累计有2550多万人，其中1680多万人实现再就业，300多万人通过企业内部退养等方式得到安置。这其中，凝结了各级工会组织和广大工会干部的心血与汗水，历史不会忘记！

融入国家救助体系显作为

尽管工会要求自己承担起对特困职工的“第

一责任人”职责，但就帮扶救助困难职工群体这项工作的整体而言，要从根本上解决困难职工群体的问题，最终还要靠国家扶贫解困政策措施和制度机制的日臻完善。在这一过程中，工会如何将送温暖活动与国家政策法规明确的相关制度设计有机衔接，将困难职工群体依法合规地纳入国家救助保障体系，则是承担“第一责任人”职责的题中应有之义。

各级工会组织深谙此理，首先着力做好工会送温暖与社会救助保障体系的衔接。各级工会清楚地认识到，政府承担着帮扶救助困难群体的主体职责，工会送温暖活动只是政府社会保障制度的有效补充，因此在实施送温暖工程的过程中，必须注重发挥政府在解决困难群众生产生活问题中的主体性作用，积极推动各地政府完善并落实各项社会保障政策，在此基础上再立足工会特色，找准工作定位，推出有力举措。

在四川，随着国企改革的推进，结构调整中出现的下岗职工、失业人员成为新增贫困人口的主要来源。而社会保障制度不健全，社会调控力度不够，则是职工一旦下岗失业即陷入贫困的主要原因之一。

最为突出的是，建立于计划经济体制下的职工退休制度由于与“单位”结合得过于紧密，使得企业的经营状况对退休人员的收入产生最直接的影响。比如，一些企业和职工还没有参加养老保险社会统筹，其退休职工的生活只能依靠单位或者个人解决，一些没有参加养老保险且经济效益不好的企业退休职工将面临不能获得退休金的问题，等等。

针对这一实际，四川省总工会将帮助特困职工纳入“低保”作为深化送温暖活动的重要举措。一是加强宣传，及时把有关“低保”的政策精神传达给各级工会组织和工会干部，使他们明确“低保”的意义、保障对象、保障标准、申办程序。二是四川省总工会与省民政厅联合下发了《关于做好符合城市居民最低生活保障条件的企业职工生活保障工作的通知》，要求各级工会认真宣传《城市居民最低生活保障条例》，充分利用建立的特困职工档案，主动向所在地的民政部门提供符合“低保”条件的特困职工及其共同生活的家庭成员收入、困难程度等基本情况，协助民政部门切实做好核实和申报工作。三是市、州及基层总工会干部主动协同民政干部入户了解情况，核查困难程度，努力推动那些家庭实际收入低于当地城市“低保”标准的下岗、失业人员家庭纳入“低保”。

与此同时，推动建立社会保障监督检查制度。早在2000年，四川省总工会就与省劳动和社会保障厅联合下发了《关于充分发挥工会职能作用加强社会保险监督检查的意见》，要求各级劳动保障监察机构要主动会同工会对本级或本辖区用人单位参加社会保险的情况进行监督检查，对违反社会保险规定的行为，工会组织有权纠正，并提出处罚建议。社会保险经办机构要定期或不定期向同级工会通报社会保险费的收缴、管理、发放情况，由工会向职工公布。2001年，四川省总工会又起草了《关于四川省社会保障职工监督工作的实施意见》，经四川省委、省政府办公厅转发，从省里到各市、州都成立了社会保障职工监督委员会，并要求各有关部门及社会保险经办机构要为职工监督组织开展工作提供必要的条件，自觉接受职工群众的监督。

工会的这一系列举措，有力地促进了保险基金收缴、发放到位，切实保障了广大职工的合法权益。

在2000年前后，像四川工会那样推动困难职工进入各项社会救助政策覆盖范围，尤其是积极参与下岗职工基本生活保障、失业保险制度和城镇居民最低生活保障制度“三条保障线”衔接工作，以及“低保”制度的建立和完善，把特困职工全部纳入城市“低保”救助范围，是工会深化实施送温暖工程的主要举措，也是一大亮点。

各级工会还切实加大源头参与力度，争取政策帮扶。特别是各级工会领导机关，通过信息报送、参加有关会议和文件制定、参加联合调研和检查、召开联席（联系）会议和三方协商会议，以及向同级党委请示报告工作等渠道，重点参与制定和督促落实“两个确保”（即确保企业离退休人员基本养老金按时足额发放和国有企业下岗职工基本生活）、一个“低保”、下岗职工出“中心”、妥善安置改制和破产企业职工，以及建立完善养老、失业、医疗社会保障等有关政策。

在这方面，全国总工会率先垂范，以身作则。在向中央政治局常委会的工作汇报以及在全国政协会议的大会发言中，都紧扣涉及下岗失业职工切身利益的就业和再就业等问题，引起中央有关方面的高度重视。在 2002 年全国再就业工作会议筹备过程中，全国总工会参加了有关部委联合开展的调研工作，自始至终参与了有关政策和文件的制定，工会提出的政策主张和建议，大多数在随后下发的《中共中央、国务院关于进一步做好下岗失业人员再就业工作的通知》中得到体现。

各级工会也立足自身和当地实际，努力争取各种政策帮扶。如有的省市工会会同有关部门推动政府采取财政贴息，通过银行贷款按当地最低工资标准发放工资等，有效地保证了停产、半停产企业职工的基本生活需求；有的省市工会积极推动当地政府推出《特困职工优惠证》制度，确保持证的特困职工在培训、就业、就医、子女上学等方面享受减免费用的待遇，使扶贫济困更贴近职工的冷暖安危。

各地企业工会则通过与行政有关部门沟通，落实工会在涉及职工保障问题上的参与权和监督权，特别是参与企业破产全过程，对决策过程实施民主监督，对制定的一切破产方案、办法等让职工代表列席会议，保证政策在制定时就公正、公平、合理，在企业重组阶段建立“职工代表民主监督小组”，对资产重组及职工安置操作过程进行民主监督，确保职工权益不受损害。

从获知哪家有困难，就送一袋米、一桶油、几百元钱，到逐步构筑起一个以工会组织网络、资源为渠道，积极配合政府社会保障体系的工会扶贫帮困机制，工会送温暖活动内涵不断深化，形式日益丰富，为工会践行“第一责任人”的承诺提供了最生动有力的背书！

第三章

困难职工帮扶中心

一个创举引裂变

作为工会深入开展送温暖活动的创新之举，困难职工帮扶中心的创立，让中国工会送温暖活动又迈上一个新的起点。

相较以往送温暖活动更多凭借工会自身的力量，困难职工帮扶中心形成了与政府部门和社会各方面的有机衔接，进一步整合了多方面的资源，构建了集职工困难帮扶、劳动争议调解、法律援助以及农民工维权于一体的长效机制，从而赋予工会送温暖帮扶工作更为广阔的领域、更为丰富的内涵、更为显著的实效。

各级工会根据职工群众的需求，以帮扶中心为平台，在实践中不断深化帮扶内容，拓展帮扶范围，创新帮扶品牌，实现了从最初的临时生活救助向就业帮扶、法律援助、医疗救助、教育救助、社会保障等领域全方位扩展，从最先关注特困职工向服务整个困难职工群体乃至所有职工延展，工会送温暖帮扶工作更加深入人心，成为工会工作最亮的品牌之一。

“为困难职工构筑了抵御社会风险的屏障，为党和政府联系职工群众搭建了坚实畅通的桥梁”，这是社会各界对送温暖帮扶工作的普遍评价，更是对工会工作的高度认可！

困难职工帮扶中心横空出世

2002 年 1 月 18 日，全国总工会实施送温暖工程十周年座谈会在北京隆重召开，江泽民同志专门为送温暖工程题词，为工会送温暖十年来的回顾总结添上了浓墨重彩的一笔！

应该说，工会开展送温暖工作的 10 年，所取得的成绩和发挥的作用之大，可圈可点：筹集送温暖慰问款 104.42 亿元，走访慰问 48.2 万户次困难企业和 3975 万户次困难职工家庭；各级工会累计帮扶 661 万户困难职工家庭，其中脱困的约 172 万户；全国各级工会自办和与有关单位合办培训机构 1 万多个，累计培训下岗职工 300 多万人次，工会办的职业介绍机构累计成功介绍下岗职工再就业人数达到 200 万人次……

这一串串沉甸甸的数字背后，意味着艰苦的付出，更意味着重大的意义，正如时任中共中央政治局常委、中华全国总工会主席尉健行在会上讲话时指出的，“为推进改革、促进发展、维护稳定发挥了积极作用”。不过，在给予充分肯定的同时，尉健行也对继续深入实施送温暖工程提出了目标和方向，明确要求把送温暖工程的工作重点进一步扩展到困难职工群体上来，努力推动实施送温暖工程与完善社会保障制度紧密结合，大力发展职工劳动福利事业，并且要把帮扶困难职工与做好职工思想政治工作结合起来。

纪念，是为了更好地走向未来。那么，工会送温暖活动更上层楼的突破口又在哪里呢？

历史的巧合总是令人难以置信，却又千真万确。2002 年 1 月 18 日，就在出席送温暖工程十周年座谈会的代表们为如何开启新局面而热烈探讨之际，一个即将给送温暖活动带来蜕变的创新之举，正在紧邻北京的天津悄然推出——

2002 年 1 月 18 日，“天津市困难职工救助中心”成立。作为对救助困难职工实行窗口服务的积极探索，救助中心的职责是：接待职工来信、来访；对特困职工实施生活救助；向困难下岗职工实行免费职业介绍服务；向困难职工提供法律援助。同时，对来访和救助的情况进行汇总分析，提出工作建议和意见，发挥保障群众生活的监督保证作用。

为此，救助中心庄严承诺“特困帮扶不隔夜、入户帮扶即到位”，以“扶危济难、快捷帮扶”为工作宗旨，分设“特困救助”“信访接待”“法律援助”“职业介绍”四个窗口，实行集中资金、集中物资、集中岗位、集中帮扶的“一站式”服务。

相较之前开展的送温暖活动，救助中心最大的特点是“快”。能在困难职工最需要帮助的时刻，及时伸出援手，使他们在最短的时间内得到帮助。困难职工救助中心配备了 5 辆夏利汽车，建立了特困职工管理系统、信访接待处理系统和捐赠款物管理系统，配备了录音电话、传真机和大屏幕滚动电子显示板，真正做到了灵敏反应、快捷服务，能当天核实解决的一律当天解决，做到问题不隔夜，帮扶即到位；对于中心难以解决的问题，也要及时向有关部门反映、协调，尽最大努力帮助解决，努力做到实事实办、急事急办、特事特办。

救助中心另一大特点是“情”。天津市总工会领导一再强调，工作人员与求助职工面对面地直接交流，真心实意为职工排忧解难，让困难职工感到进了中心的门就像进了自己的家。前来求助的职工因情况不同心态各异，有的发牢骚，有的甚至拍桌子、瞪眼睛恐吓工作人员，给中心的工作带来很大压力。救助中心强调“岗位职责有限，为困难职工服务无限”的精神，要求大家以“耐心、耐心、再耐心”的亲人般胸怀，以“安抚、安抚、再安抚”的态度，理解加谅解，了解加排解。

救助中心的第三大特点是“专”。通过机制创新，探索更加专业有效的管理模式、运行流程。如利用信息技术建立起帮扶工作的网络系统，实现对特困职工的姓名、住址、家庭成员、致困原因、受助情况等的实时动态跟踪；对于各界捐助的款物一律输入微机，建立专账，严格按照财务制度管理，严格审批程序，确保专款专用、专物专用；设立“信访接待”“特困救助”“职介介绍”“法律援助”等不同的服务区域，并整合社会资源，切实在协调解决劳动关系纠纷、维护职工权益等方面提供专业服务和帮助。

随着救急、帮扶、就业、维权为一体的特困职工帮扶长效机制的形成，救助中心很快取得了快捷、高效的帮扶效果。据统计，中心成立之后的一年间，就接待困难职工 2.6 万余人次，直接救助特困职工 6000 多人次，帮助 4890 名特困职工实现了再就业，为 1600 多名职工提供了法律援助服务，260 多名特困职工得到了医疗救助，120 多名特困家庭子女得到了助学救助，还有许多职工的实际问题在救助中心得到了协调解决。

更重要的是，天津市困难职工救助中心的成立，开启了工会送温暖帮扶工作的新模式！

对于天津市困难职工救助中心的推出，虽然最初的声音并不一致，但是，这种通过设立专门的办公场所，配备专职的工作人员，提供信访接待、政策咨询、生活救助、就业帮扶等“一条龙”服务的困难职工帮扶中心模式，很快便以其快捷、高效的帮扶效果得到了广大职工和社会各界的好评和认可。

事实上，就在天津市困难职工救助中心诞生前夕，时任中华全国总工会党组书记、副主席、书记处第一书记张俊九在2002年1月12日至13日召开的全国总工会十三届四次执委会议上明确指出，“广大工会干部务必增强紧迫感和责任感，把帮扶特困职工的工作精神、工作经验和工作机制，发扬光大到维护困难职工群体合法权益上来”。同年9月12日召开的全国再就业工作会议，则对在进一步巩固两个确保和完善社会保障体系的基础上，全面推进就业和再就业工作，保持改革发展稳定的大好局面进行了部署。

正基于此，2002年9月27日，全国总工会十三届九次主席团（扩大）会议决定，在总结天津市总工会创建全国第一家困难职工帮扶中心的经验基础上，三年内在全国200个大中城市建立困难职工帮扶中心，以贯彻落实全国再就业工作会议精神，充分发挥工会自身优势，在帮助下岗失业人员进行职业培训、职业介绍、就业安置和救助困难职工等方面发挥积极作用。

昆明市困难职工帮扶服务中心是响应全国总工会十三届九次主席团（扩大）会议号召最先成立的困难职工帮扶中心。

2002 年 11 月 6 日，设立在昆明市工人文化宫的昆明市困难职工帮扶服务中心宣告成立。中心设有信访接待、生活救助、再就业援助、法律援助四个服务窗口，与市长热线、便民服务中心、劳动与社会保障局、市再就业服务中心联动，两部热线电话 24 小时开通，常年为困难职工提供无偿服务。

尤为值得关注的是，中心实行“主席接待日”制度，每天都由昆明市总工会主席、副主席轮流接待来访者；设有困难职工档案，除了对特困职工进行快捷、及时、有效的救助外，还对劳模、军烈属、残疾职工等提供援助，对其子女入学及其他特殊困难进行帮扶。中心还明确承诺，对昆明市下岗失业职工、困难职工及其子女有就业愿望的给予免费介绍、技能培训和小额借贷，介绍求职的下岗职工到“阳光公寓”减免住宿费住宿，免费为困难职工进行法律援助等。

昆明市总工会的主要领导表示，作为对困难

职工集中进行帮扶、援助的专门机构，昆明市困难职工帮扶服务中心的目标是把工会常年开展的送温暖、扶贫帮困等工作结合起来，使服务工作规范化、制度化和社会化，真正办成困难职工的“家”和“维权超市”。

昆明市困难职工帮扶服务中心是工会送温暖帮扶工作向经常化、制度化和社会化迈出坚实步伐的一个生动缩影。据统计，到2003年6月底，全国共有156个地级以上城市困难职工帮扶中心达到合格标准。截至2003年11月底，全国共有11个省级总工会、240个地市级工会和700余个县级工会及部分行业工会建立了帮扶中心，其中7个省份的地级城市全部建立了帮扶中心，许多地方已经形成了工会领导机关与基层工会联合组成的困难职工帮扶救助网络。

工会帮扶工作的长效机制，正在快速形成。

工会承诺更加铿锵有力

在工会送温暖帮扶工作的发展历程中，全国

总工会于2002年2月6日发出的《关于在春节前后做好帮扶特困职工工作的通知》，值得细细品味。

——各级工会要认真履行帮扶特困职工“第一知情人、第一报告人、第一帮助人”的责任，积极协助党政组织抓好“两个确保”“一个低保”政策的落实，督促有关方面保证下岗职工拿到基本生活费、离退休人员拿到养老金、低于当地最低生活保障线的特困职工拿到生活补助费；要在已建特困职工档案的基础上，抓紧时间把本地区、本系统、本单位特困职工家庭的底数进一步摸清，并及时向党政部门和上级工会反映。

——各级工会要带着深厚的感情开展帮扶困难职工的工作，要充分发挥领导干部联系特困职工家庭户制度的作用；按照分级负责的原则，与党政组织一起对特困职工家庭普遍进行走访慰问；充分发挥送温暖工程基金的作用；工会领导机关和领导干部做到带头为困难职工捐款、捐物，积极配合党政和社会各方面力量开展多种形式的帮困救助活动，保证每一户特困职工家庭过年都能吃上饺子。同时，各级工会要检查特困劳模、老劳模的生活、医疗和有关待遇的落实情况，保证他们过一个欢乐祥和的春节。

——各省级总工会在春节前后，必须24小时专人值班，并有一名领导同志带班。市、区、县总工会要开通职工热线电话，安排足够的人力、物力，做好帮扶特困职工的各项准备工作，绝不能让一户特困职工因生活过不下去而发生意外。

不难看出，在这份于春节前夕发出的文件中，全国总工会对于各级工会如何切实履行“第一知情人、第一报告人、第一帮助人”的职责，工作要求之实之全面，可谓到了极致。正是这种落小落细的精神和作风，确保了工会对困难职工的承诺真正掷地有声。

就以“保证每一户特困职工家庭过年都能吃上饺子”来说，放到一份正式文件中郑重地提出，似乎有些过于琐碎，但其中蕴含的温度，却温暖了人心，稳定了人心。如果将工会这一要求置于当时的现实背景下，可以更加感受到其重大意义——

截至2002年7月10日，全国纳入城市“低保”的贫困城镇居民已达1930.8万人。中国社会科学院社会政策研究中心副主任唐钧在接受记者采访的时候，曾刻画了这部分人贫寒的生活状况：收入很低，不到社会平均收入的30%（上海略高些，也就是40%），收入中的70%用于吃饭。1/3的人吃不上肉或荤菜，1/3的人一周能够吃一次肉或荤菜，1/3的人一周能吃两次肉或荤菜，相当一部分人捡菜叶吃，家里一般不买水果。

因此，到了节假日特别是春节的时候，在一片喜气洋洋的气氛中，如何让这些困难群众感受到温暖，进而安心稳心，事关重大。

正是在这个意义上，全国总工会“保证每一户特困职工家庭过年都能吃上饺子”的号召，不仅成为各级工会开展送温暖帮扶工作的“标配”，也为各级党政领导所接受，成为帮扶困难群众的一个基本要求。无论是募集帮扶资金，还是动员各方扶贫帮困，“保证每一户特困职工家庭过年都能吃上饺子”总被频频提及，并总能触动人内心的柔软之处……

与此同时，《关于在春节前后做好帮扶特困职工工作的通知》还直接推动了全国工会“12351”职工维权热线的开通。通知要求市、区、县总工会开通职工热线电话，安排足够的人力、物力，做好帮扶特困职工的各项准备工作。

职工热线电话的开通，让职工不仅有了投诉和求助的地方，还有了说心里话的地方，受到了职工群众特别是困难职工群众的欢迎。之后，职工热线电话这一形式很快在全国工会系统内得到推广。2004 年“两节”期间，全国总工会明确要求全国各省、自治区、直辖市、地级市总工会（含直辖市的区总工会）以上机关在 1 月 20 日至 2 月 6 日期间开通职工热线电话，以确保困难职工都能过上一个祥和愉快的春节，并将各工会热线电话号码刊登在《工人日报》上，既扩大了职工热线电话的影响，又便于接受社会监督。

实践证明，在全国范围内大规模开通职工热线电话，得到了社会各界特别是困难职工的一致好评，认为这是工会把维权职责落到实处的有力举措。

在总结经验的基础上，全国总工会决定开通一个面向全国广大职工，反映他们的意见和呼声的常设性专用热线。2004 年 10 月 15 日，全国工会“12351”职工维权热线电话在全国正式开通。

全国工会“12351”职工维权热线电话受理范围为：职工对有关劳动法律、法规和政策等方面的咨询；职工对需帮扶及解决生活困难的求助；职工对侵害自身合法权益行为的控告、申述；职工对紧急突发事件和重大安全事故的报告；其他涉及职工合法权益问题的反映。备受关注的拖欠进城务工人员工资的投诉，也在受理范围之内。

全国工会“12351”职工维权热线在全国总工会和省（自治区、直辖市）总工会、地（市）总工会三级开通运行，在全国约有 350 个点，服务对象为全国职工。对职工维权热线电话所反映的问题，按照“属地管理”“分级负责、归口办理”“谁主管、谁负责”和及时、就地、就近依法解决问题与思想疏导相结合的原则，由所在地区、产业工会或由所在地区、产业工会积极协助和敦促政府（行政）及有关部门负责，以保证问题得到妥善解决。

全国工会“12351”职工维权热线，为工会对职工群众反映的问题切实做到有着落、有回音提供了重要支撑和保障，在实现职工帮扶长效化、机制化的同时，也推动着工会帮扶工作不断升华。其中，铁路系统的“三不让”承诺，便是典型之一。

进入21世纪以来，随着铁路改革发展的不断深入，铁路职工生活水平整体上有了明显的提高，但仍有一部分铁路职工由于家庭供养人口多、子女上学、患大病等原因，生活极其艰难。针对这一情况，铁路总工会提出要加大对困难职工的帮困救助力度，得到了铁道部党组的全力支持。

在2004年年初召开的全国铁路工作会议上，铁道部正式向全国铁路职工作出了“不让一名职工家庭生活在当地贫困线以下，不让一名职工子女上不起学，不让一名职工看不起病”的庄严承诺，着力解决职工最现实、最突出、最迫切需要解决的问题。

为更好地落实“三不让”承诺，2005年6月，铁道部下发了《关于进一步落实“三不让”承诺的指导意见》（铁党发〔2005〕8号），对“三不让”工作的资金筹措、规范管理、领导职责等方面作出了明确规定，确保全国铁路每年有10亿元以上的资金用于解决帮困、助学和职工大病医疗救助等问题。

2006年8月25日，中华全国铁路总工会在青岛召开全国铁路工会落实“三不让”承诺工作会议，明确要求按照“覆盖广泛、运作规范、救助及时、保障有力”的总体原则，紧密结合实际，进一步形成工作合力，完善落实“三不让”承诺的制度和措施，确保专项资金按时足额到位，正确把握“三不让”承诺的性质和适用范围，依据科学合理的标准救助困难职工，努力提高落实“三不让”承诺的实效。

在党政的重视支持和各级工会的不懈努力下，“三不让”承诺使占全路职工总数约1%的特、重困职工得到了及时救助，也让其他职工在遇到大病、自然灾害等突发困难时得到了有效帮助，为职工们解除了后顾之忧。

以“不让一名职工子女上不起学”为例，铁路系统各级工会组织为使这一承诺落到实处，一是明确凡铁路困难职工家庭子女有上学能力但经济困难的，都可以申请资助；二是制定帮困助学的标准，一般小学每学年400元左右，初中每学年600元左右，高中（含中专）每学年800元左右，接受正规高等教育的一般每学年3000元左右；三是落实帮困助学，即铁路困难职工向所在单位工会提出申请，经过调查、公示等程序后再报请上级单位工会组织审批。此外，还通过领导干部联系包保制度、工会送温暖活动、青少年帮困助学基金会等多种形式进行帮助。据统计，2006年全铁路系统需要帮助的困难职工子女为1.3万名左右，工会到位助学资金达3500万元以上，人均资助达到2700元。

在全国铁路系统，“三不让”承诺成为爱与温暖的代名词！

在源头帮扶上下功夫

这是一个真实的故事：李思峰是云南省曲靖市监察支队的一名职工，不幸患上了白血病，2005 年实施了干细胞移植手术，平日里全家三口就靠他每月 1000 多元的工资维持生活，再加上高额的医疗费，家里顿时陷入困境。所幸的是，在单位工会的组织下，他参加了云南省总工会开展的第二期职工医疗互助活动，一下子获得 16.668 万元补助金。

“这近 17 万元的补助金，极大地减轻了我在精神和经济上的压力。我真诚地感谢职工医疗互助活动，使我从绝望中看到了希望，看到了光明和美好的明天。”李思峰这番发自肺腑的话语，道出了对职工医疗互助活动、对工会组织的感激之情。

李思峰，只是云南省几百万受益于职工医疗互助活动的职工之一。

2003 年，云南省总工会对全省职工医疗卫生情况进行了调查，发现由于医疗总费用较高，个人医药费负担过重，职工看病贵的问题突出；不少困难职工为疾病所困，有的职工“因大病致贫，因大病返贫”，部分低收入职工甚至看不起病、不敢看病，职工群众意见较多，社会对此也十分关注。工会反映的这些问题引起了云南省委、省政府的高度重视，云南省委七届四次全会提出“解决群众看病难、看病贵的问题”。

面对职工的期望，云南省总工会在云南省委、省政府及有关部门的大力支持下，按照“党政所需、职工所急、工会所能”的工作思路，经过深入调研、科学测算、精心组织，于 2004 年 7 月 1 日在全省启动了职工医疗互助活动，力图在破解职工看病贵的难题方面闯出一条新路子。

在具体操作上，云南省职工医疗互助活动首先明确三个定位：“献爱心、保健康”的互助互济活动，基本医疗保险制度的补充和延伸，不以营利为目的的公益性活动。同时明确，凡云南省行政辖区内参加了城镇职工基本医疗保险并同时参加大病补充医疗保险的在职职工和退休人员，均可由单位工会统一组织，以团体形式自愿参加；每期活动互助期限一般为一年；互助金筹集主要来源于职工交纳，省政府在活动启动之初，安排了1000万元风险准备金；工作经费主要由云南省总工会及各级工会筹集。

这样的制度设计，使得云南省职工医疗互助活动既充分发扬了中国工人阶级团结互助的光荣传统和“有病人帮我，无病我帮人”的互助精神，又始终遵循“以收定支、收支平衡、略有结余、持续发展”的原则，通过职工互助互济，使职工在患病住院时，除享受基本医疗保险待遇外，再得到活动给予的补助，以减轻职工的经济负担，提高抵御风险的能力。

据统计，截至2015年底，11年来云南省职工医疗互助活动共救助了275.25万人次，补助金额达16.28亿元，为职工构筑了抵御风险的又一道防线，在协助政府解决职工因病致贫的问题方面发挥了积极而独特的作用。这项工作也成为全省工会组织服务职工群众的一项品牌工程、创新工程。

作为职工互助互济活动的一种，职工医疗互助活动并非新鲜事，但像云南省总工会这样做到如此规模、收到如此成效的却不多。究其秘诀，固然与云南省总工会建立了科学高效的运行机制密不可分，但更关键的则在于云南省总工会秉持的源头帮扶理念。

实践证明，开展职工医疗互助活动，利用集体的力量提高职工的医疗保障水平，可以切实提高广大职工抵御重大疾病等社会风险的能力，进而防止职工家庭出现因病致贫、因病返贫的情况。

随着困难职工帮扶中心在全国工会系统的广泛推行，像云南省总工会这样进一步创新理念和模式，特别是加大源头救助力度，切实提高工会送温暖帮扶工作的成效，日渐成为各级工会的共识。2005 年 1 月初，时任中华全国总工会党组书记、副主席、书记处第一书记张俊九在浙江送温暖时便强调，各级工会组织要从构建工会帮扶体系入手，努力形成集纳全社会力量的长效机制，切实提高帮扶救助水平。

在全国总工会层面，则明确要求工会帮扶困

难职工要进一步在源头上着力，即在促进下岗职工再就业的同时，致力于建立和完善工资决定机制、工资正常增长机制和工资支付保障机制。

2005 年，全国总工会专门就企业工资收入分配问题对全国 10 个省份 20 个市（区）的 1000 户企业 10000 名职工进行了调研，结果发现：企业职工工资低于社会平均工资水平问题突出，其主要原因是企业职工工资增长、决定和支付保障机制没有建立或不完善，在一些地方，企业自主分配变成了企业主自行分配，严重侵害了职工的合法权益。

基于此，全国总工会一方面确定 2006 年工会帮扶工作的重点之一，就是要推动职工工资拖欠、低收入职工工资收入增长缓慢等问题的解决，以切实保障职工收入分配权益；另一方面要求各级工会推动政府加强劳动定额管理，规范企业工资标准，并联合劳动保障等政府部门对本地最低工资标准的制定和执行情况开展调查，积极参与本地最低工资标准的制定等。

值得一提的是，有了困难职工帮扶中心这一主要载体，各级工会以政策咨询、生活救助、就业帮扶、法律援助、助医助学为基本职能，以相配套的扶贫超市、爱心医院或药店、职工培训基地、职业介绍机构等为拓展平台，逐渐构筑了将节日集中帮扶和经常性、制度化帮扶相结合，帮扶济困与扶助脱困相配合，工会帮困和政府救助相衔接，资金来源多元化、管理服务规范化、帮扶活动社会化的工会帮扶工作格局，源头帮扶救助力度不断加大。

据统计，截至 2005 年末，工会促进再就业三年“三个 150 万”（即 2003 年至 2005 年，三年内分别对 150 万名下岗失业人员进行职业介绍、职业培训、安置就业）超额完成，实际完成数分别为：介绍下岗失业人员再就业 155.3 万人次、培训下岗失业人员 223.9 万人次、安置和扶持再就业人数 220.2 万。与之相应的是，用三年时间在全国大中城市建设 200 个困难职工帮扶中心的目标任务亦超额完成，全国实际建成 340 个困难职工帮扶中心。

对这一显著成就，全国总工会专门于 2006 年 7 月 6 日在京召开全国工会促进再就业推动帮扶中心工作表彰电视电话会议加以总结和表彰，同时部署了2006年至2008年各级工会促进再就业和帮扶困难职工工作的目标任务，即通过多种渠道和形式，帮助和扶持100万名下岗失业人员实现再就业；推行创业培训、小额信贷和创业孵化相结合的创业模式，扶持10万名下岗失业人员成功创业，带动25万人就业，工会举办的小额信贷规模达到10亿元左右；办好工会的职业培训、职业介绍机构和再就业基地，争取工会职业培训机构通过资质认定的比例达到75%。

更重要的是，随着困难职工帮扶中心在社会上形成品牌效应，工会帮扶工作的社会化程度不断提高：2006年，全国地市级以上帮扶中心向社会筹集资金3.3亿元，占筹资总额的33.3%，比2005年增加了6.4个百分点；全国地市级以上帮扶中心9550名工作人员中，社会招聘的专职人员有2776人，占工作人员总数的34.6%，比上一年度上升了6.7个百分点。此外，在全国2602个县以上帮扶中心中，有1462个与当地党政建立了协调机制，占56.2%。

困难职工帮扶中心社会影响的不断扩大，又推动着帮扶资金多元化格局的逐渐形成。以中央财政为例，2005 年开始向工会帮扶中心拨付专项资金 1 亿元，2006 年增加到 2 亿元，之后又不断增加到 5 亿元、10 亿元，直至 15 亿元，从而为工会帮扶工作的良性发展提供了有力的物质支持。

据统计，截至 2007 年 6 月底，即工会建立困难职工帮扶中心 5 年来，全国工会已建立困难职工帮扶中心 2602 个，其中省级 12 个、地市级 353 个、县级 2237 个，覆盖全国 98.5%的地级城市和 78%的县级城镇；累计筹款 29.5 亿元，发放帮扶款物 22.6 亿元，帮扶困难职工 1546.9 万人次 。困难职工帮扶中心在政府保障制度的基础上，为困难职工构筑起一道补充保障屏障，搭建了一座党和政府联系困难职工、关心职工疾苦的重要桥梁。

在创新和拓展中不断提升

2006 年 5 月 14 日，正在云南考察工作的胡锦涛同志，专程来到昆明市困难职工帮扶服务中心和农民工维权中心，详细了解困难职工和农民工的就业服务、困难救助、权益维护等情况，并强调要高度重视解决人民群众最关心、最直接、最现实的利益问题，让人民群众不断得到看得见、摸得着的实际利益，同时要高度重视并做好群众工作，坚定群众的信心，鼓舞群众的斗志。

仅仅时隔半年，同年12月23日，胡锦涛同志又来到辽宁省葫芦岛市连山区总工会与市百货大楼联合成立的“扶贫超市”，肯定了工会创办“扶贫超市”关心困难职工让社会更加和谐。

2007年12月31日，利用元旦假期在天津看望慰问基层干部群众的胡锦涛同志，冒着严寒来到天津市困难职工帮扶中心，称赞“成立困难职工帮扶中心，这是一个创举”，并希望工会干部们再接再厉，拓展帮扶范围，完善帮扶方式，提高帮扶水平，使帮扶中心成为充满爱心、充满阳光的困难职工之家。

2011年6月2日，在湖北考察工作的胡锦涛同志，再一次来到武汉市青山区困难职工帮扶中心视察，充分肯定困难职工帮扶中心“通过自己的热忱服务，及时把党和政府以及工会组织的关怀送到困难职工的心坎上”，“不愧是困难职工之家”。

困难职工帮扶中心是工会工作的一个阵地，党的总书记先后四次视察困难职工帮扶中心并作出重要指示，充分体现了党中央坚持以人为本、立党为公、执政为民的治国理念，更饱含着对广大职工特别是困难职工的亲切关怀，饱含着对工会工作的高度重视和对工会干部的殷切期望，同时也印证了困难职工帮扶中心这一创举的现实意义。

其实，回眸困难职工帮扶工作的发展历程可以看到，工会帮扶工作前行的每一步，都应和了现实呼唤、紧扣着历史节点、体现了创新勇气、践行着忠诚担当。各级工会以党中央的肯定和社会的认可为新动力、新起点，以永不满足的创新姿态，实现了帮扶工作的一次又一次提升。

2006 年 12 月 1 日，中华全国总工会在《关于在 2007 年元旦春节期间开展送温暖活动的通知》中明确指出，“各地工会要在 2007 年元旦之前对本地区困难职工群体状况进行一次调查，重点反映当前困难职工最关心、最直接、最现实的利益问题，提出解决问题的对策建议”，力争做到“四个更加”，即掌握困难职工群体的状况更加清楚，了解困难职工群体的致困原因更加全面，提出的对策建议更加具体，解决困难职工群体最关心、最直接、最现实的利益问题更加有效。于是，调查研究成为各级工会组织送温暖时的“必修功课”，从而进一步夯实了送温暖活动的基石。

2006 年 12 月 25 日，全国总工会又召开了全国工会 2007 年元旦春节送温暖活动电视电话会议，明确提出要加强帮扶中心基础性建设，进一步健全困难职工档案，并进行规范和动态管理，不断充实帮扶内容，逐步增强帮扶实力，提高帮扶工作的质量和水平，切实发挥帮扶中心作为党和政府联系职工群众的“窗口”作用，使帮扶中心真正成为党政所望、企业所需、职工所盼、社会认同的“职工之家”。

2007 年 11 月，全国工会帮扶工作管理软件正式启用，困难职工帮扶工作由此实现了网络化管理，分类帮扶成为可能，同时对流动职工实现跨区域帮扶提供了技术支持，从而有效地缩短了维权的时间，降低了维权的成本，大大提高了工会送温暖工作的针对性和实效性。

2008 年 1 月 2 日，新年上班的第一天，时任中华全国总工会党组书记、副主席、书记处第一书记孙春兰主持召开书记处会议，并在会后马上下发了关于进一步加强困难职工帮扶中心建设的通知，就进一步拓展帮扶范围、完善帮扶方式、提高帮扶水平等明确了要求。

同年 3 月 28 日，全国总工会在天津召开全国工会帮扶工作会议，回顾总结了工会开展帮扶工作的重要成果和成功经验，并就进一步做好工会帮扶工作提出要求，明确了“到 2009 年底前全国县（区）一级普遍建立困难职工帮扶中心”，“从今年起到 2010 年，用 3 年时间培训 60 万名技术工人”以及“把农民工纳入工会帮扶范围”等目标。

……

一次次转折、一次次飞跃，工会送温暖帮扶工作从最初的临时生活救助向就业帮扶、法律援助、医疗救助、教育救助、社会保障等领域全方位扩展，从最先关注特困职工向服务整个困难职工群体乃至所有职工延展，在内容上不断深化、范围上不断扩大。

各级工会以困难职工帮扶中心为依托，通过

充分发挥送温暖帮扶在社会救助体系中的拾遗补阙作用，在政府基本社会保险和社会救助基础上，帮助困难职工解决生产生活问题，有力地推动了保障和改善民生政策的落实；通过信访接待、劳动争议调解、提供法律援助等形式积极参与解决职工权益被侵害案件，有效地维护了职工的合法权益，避免了很多群体性事件的发生，协调了劳动关系，缓解了社会矛盾，维护了社会稳定；通过为广大职工提供多种服务，搭建了一条党政联系职工、关心职工的重要桥梁，密切了党委政府与职工群众的血肉联系……

驰援汶川特大地震，就是对工会送温暖帮扶工作能量的一次生动检验。

2008 年 5 月 12 日，震惊世界的四川汶川特大地震发生。当天晚上，全国总工会就向四川省总工会紧急拨付 100 万元救灾慰问金。之后的几天里，全国总工会先后三次就全力做好抗震救灾工作发出紧急通知，并发出在工会会员中开展“重建家园，再献爱心”大行动的倡议。短短 20 天，全国各级工会组织、企事业单位和广大职工捐款捐物共计 31.28 亿元。其中，相当一部分是以困难职工帮扶中心名义捐的。

在同年初的抗击雨雪冰冻灾害中，各级工会也是运用各种方式方法投入抗灾救灾工作中，全国总工会在第一时间下发《关于关心雨雪冰冻灾区职工群众生产生活、在抗灾减灾工作中充分发挥工人阶级主力军作用的紧急通知》，专门安排1000万元用于抗灾减灾，并要求充分发挥工会组织优势，利用工会帮扶平台，为战斗在生产第一线的职工服务、为因雨雪冰冻灾害造成困难的职工排忧解难。全国总工会资产监督管理部还向中国职工保险互助会及安徽、江西等雨雪冰冻灾区的地方工会职工互助互济保障组织下发通知，要求组织安排好资金，对参加互助保障活动的因灾害造成了意外伤害或突发疾病情况的职工等，实行特事特办，及时把互助金送到当事职工手中。

这不仅为灾区救援多添了一份力，也书写着工会组织的优势和帮扶工作的力量。

事实上，中国工会开展的送温暖帮扶工作及其运作模式，还引发了外国工会组织的关注。在“2008’经济全球化与工会”国际论坛举办期间，许多与中国工会有了“亲密接触”的外国工会领导人，纷纷惊讶于中国工会有如此的作为和能量——“在我们国家，政府会为穷人送去食物、衣被，而在中国，工会的困难职工帮扶网络涵盖了更多的途径”，“中国工会的困难职工帮扶网络为维护劳动者权益，使他们更好地分享经济社会发展成果提供了有力保障”，“中国工会所做的探索，为我们提供了良好的借鉴”……

而对各级工会组织和广大工会干部来说，最欣慰的则是帮扶机制的社会动员和协同能力不断增强，从而推动着送温暖帮扶工作日渐成为全社会的共同行动。

每逢“两节”来临之际，党中央、国务院都要就解决困难群众生产生活问题明确要求，作出部署，并根据不同时期的实际情况明确针对性措施。中央领导同志还身体力行、率先垂范，深入基层、走访慰问，不仅给困难职工送去温暖，更为全社会作出表率。

所有这些，都给了工会送温暖帮扶工作以坚强有力的保障，给广大职工和工会干部以巨大的鼓舞，也使工会送温暖帮扶工作成为党政支持、社会参与、职工认可的工会工作品牌。

在党政的有力领导下，杭州市总工会牵头的“春风行动”，已发展为各部门配合、全社会参与的帮扶工作体系：实施多领域全方位援助，涵盖日常生活、文化生活、教育、医疗、就业、住房和法律等多个方面；创建了市、区、街道、社区四级救助圈，实现了分级、分类救助；建立了动态管理、职业培训、就业帮扶、社会共建、帮扶保障五大工作机制，确保帮扶救助工作的制度化、规范化、科学化，成为杭州市委、市政府破解困难群众生活就业难的总载体，被誉为帮扶困难群众的“杭州模式”。

截至2016年，杭州市共有42109家（次）企业，267.44万人（次）向“春风行动”捐款献爱心，累计募集社会资金16.89亿元，共向163.26万户（次）困难家庭发放各类救助慰问金22.7亿元。“春风行动”所蕴含的协调力、影响力，已远远超越了工会活动的范畴。

而这，正是困难职工帮扶中心的方向和力量所在！

第四章

“三位一体”格局

多元服务更精彩

职工群众作为个体，遇到困难是暂时的，但对职工利益的代表者和维护者——工会组织来说，送温暖帮扶工作却永无止境。

随着形势的发展变化，特别是面对日益艰巨的社会建设任务，如何围绕加强保障和改善民生这一重点，更好地发挥送温暖帮扶工作的独特作用，已成为工会组织的新课题。

2011 年 9 月，全国总工会印发《关于进一步推进工会帮扶工作常态化长效化的指导意见》，明确了帮扶困难职工工作进一步发展的思路和举措。各级工会及时调整完善送温暖帮扶工作的领域、对象、职责、方式方法，明确提出“三个面向”，即面向广大职工、面向先进模范人物、面向困难职工群体。同时通过开展各种活动，为职工群众提供学习、生活、娱乐等方面的服务，满足职工会员的多元化需求。

工会帮扶工作由此实现了“四个拓展”：工作领域上，将由保障困难职工家庭基本生活向促进劳动关系和谐、收入分配合理、实现体面劳动等方面拓展；工作对象上，将由困难职工向全体职工拓展；工作职责上，将由扶贫济困向救助、维权、服务三位一体的综合型帮扶拓展；工作方式上，将由向困难职工提供免费帮扶向公益性与项目制运作相结合拓展。

扣住时代的主题，找准工作的切入点，工会送温暖帮扶工作在创新发展中长做长青、亮点不断。

突出维权职责
为社会公平正义“筑底”

2012 年 1 月 5 日，全国工会送温暖活动开展 20 周年、困难职工帮扶中心建设 10 周年座谈会在北京隆重召开，回顾总结工会送温暖和帮扶工作的历程和经验，并表彰了全国工会帮扶工作先进集体和先进个人。

时任中共中央政治局委员、中华全国总工会主席王兆国在讲话中充分肯定了 20 年来工会送温暖和帮扶工作取得的突出成绩，称这是“深入细致地做好新时期职工群众工作的一个创举”，并要求各级工会把送温暖和帮扶工作作为推动全面建设小康社会、实现人民群众共同富裕的一项伟大事业坚持不懈地抓下去。他提出，要推动形成功能完备、体系完整、制度健全、覆盖全面的中国特色社会主义工会帮扶体系，使工会送温暖和帮扶工作进一步融入中国特色社会管理格局；要进一步扩大覆盖面，推进帮扶向促进就业、逐步提高收入、增进福利、改善劳动条件等方面拓展；要探索创新送温暖和帮扶工作的有效途径和方法，不断提高工会帮扶工作的科学化水平。

其实，细细品味这一讲话精神，帮扶工作的开展其实是对工会基本职责的回归：无论是促进就业、逐步提高收入，还是增进福利、改善劳动条件，本质上都是对职工权益的维护。回顾帮扶工作的发展历程，困难职工帮扶中心之所以能得到社会各界的广泛认可，很大程度上在于其在多方面推进了工会维权的机制化，突出了权益维护职责，从而契合了经济转轨和社会转型时期劳动关系日益复杂多元，劳动争议和纠纷多发、高发以及社会保障制度不尽完善的现实形势，顺应了经济社会发展的新情况和职工群众的新期待。

其一，帮扶中心在为困难职工排忧解难的同时，立足民生视角着力为包括农民工在内的困难职工追讨工资收入、提供技能培训、开展职业介绍，切实维护了他们的劳动经济权益，让困难职工共享经济社会发展成果；

其二，帮扶中心利用直接接待职工群众、掌握第一手信息的优势，发挥对困难职工的第一知情人、第一报告人、第一帮扶人的作用，积极引导职工理性、合法地表达诉求，有效地推进了政策制定和制度设计的科学性；

其三，帮扶中心通过开展能够表达不同利益群体诉求的个性化维权，整合和团结多样化就业结构催生的不同工人群体，保持了工人阶级的整体性，既有利于把职工困难问题解决在萌芽状态，又能促使工人阶级更有效地参与国家和社会治理。

……

其实，早在困难职工帮扶中心模式推广之初，《中华全国总工会关于贯彻全国再就业工作会议精神的意见》就明确了其“工会维权的常设机构和形象窗口”的定位，要求建立信访接待、职业介绍和培训、法律援助、生活救助等制度，努力把帮扶中心建成宣传党的路线方针政策、展示工会形象的窗口，调解劳动关系矛盾的渠道，依法维护困难职工合法权益的阵地。

之后，各级工会不断创新举措，为困难职工帮扶中心成为名副其实的“依法维护困难职工合法权益的阵地”创造条件。

2008 年 8 月 11 日，全国总工会正式印发《工会法律援助办法》，明确“工会建立法律援助制度，为合法权益受到侵害的职工、工会工作者和工会组织提供无偿法律服务”，同时还规定，对困难职工的法律援助补助资金从工会困难职工帮扶中心专项资金中列支。工会普遍开展法律援助工作，就是源于困难职工帮扶中心设立的法律援助窗口。由于日益受到职工欢迎、社会关注，很多工会便在此基础上建立职工法律援助机构，以便更好地为职工维护权益提供帮助和服务。

在部署 2011 年工会“两节”送温暖工作时，全国总工会更是明确要求“突出维权职责”，不仅与人力资源和社会保障部等八部委联合下发《2011年元旦春节期间保障农民工工资支付工作方案》，还专门发出《中华全国总工会关于切实做好2011年元旦春节期间农民工权益维护工作的通知》，要求各级工会配合政府有关部门，加大对拖欠农民工工资问题的督查力度，明确要求各级工会“向社会公布工会维权12351热线和帮扶中心值班电话，进一步畅通农民工利益诉求渠道”，“为请求支付劳动报酬或工伤赔偿的农民工开通法律援助‘绿色通道’”，“建立健全帮助农民工追讨欠薪工作机制，及时调查、处理、转办和督促解决农民工工资拖欠案件”。

各地工会因地制宜采取的措施，更是不胜枚举。所有这些努力，在不断推动工会帮扶工作机制化、长效化的同时，以突出维权职责为指向，努力给困难职工等弱势群体说话的权利、争取权利的权利、享受同等机会的权利，进而从根本上改变困难职工的生存状态，推动改善社会生态。工会帮扶工作，也由此逐渐为社会公平正义“筑底”。

工会帮扶农民工的“故事”，便是最典型的

例证。

——2006年1月5日，全国总工会召开全国工会学习贯彻中央领导同志重要批示精神，进一步做好维护农民工合法权益工作电视电话会议，号召各级工会积极开展向农民工送温暖活动，努力为农民工办实事、做好事、解难事，在全社会叫响“农民工有困难找工会”。随即，全国总工会在已经安排了4000万元“两节”送温暖资金的基础上，再增拨500万元专门用于开展面向农民工的送温暖活动。各级工会帮扶中心也纷纷为农民工拨送温暖专项资金、设立农民工接待服务窗口、为农民工办理互助保险……一个月后，据对全国27个省（市、自治区）的不完全统计，各地工会共向农民工发放送温暖资金1.54亿元，慰问农民工72.93万户。

——2007年，针对农民工春运返乡难问题，全国总工会又联合铁道部、交通部实施“农民工平安返乡行动”，通过协调企业放假日期，集体包专机、专列、专车，购买团体票，提供经济补贴等方式，帮助农民工从务工地平安顺利地返回家乡。同年，全国总工会还提出重点推进源头入会、就业培训、工资支付保障等农民工十项维权机制建设。

——2008 年，全国工会帮扶工作会议再次强调，要把农民工纳入工会帮扶范围。切实加强对农民工的就业服务、法律援助、应急生活救助和政策咨询，为农民工提供具体的帮助，在权益维护、帮扶救助等方面努力实现农民工维权的“十个新进展”。从这一年起，每两年发布全国总工会维护农民工合法权益工作要点。

——2009 年，为应对因国际金融危机冲击造成的大量农民工失业返乡的局面，全国总工会又在开展“共同约定行动”的同时，专门实施“千万农民工援助行动”，通过开展就业培训、岗位援助、创业指导、维权服务、生活帮扶等措施，对 1000 余万名农民工实施援助。之后，全国总工会又联合人力资源和社会保障部发出《关于支持工会开展千万农民工援助行动，共同做好稳定和促进就业工作的通知》；联合商务部、财政部推出“家政服务工程”，通过实施技能培训，扶持农民工从事家政服务。

——2012年，全国总工会发布的《工会帮扶工作发展规划（2012—2015年）》，专门提出“农民工集中输出地和输入地工会建立起集就业援助、法律维权、困难帮扶、资源共享的联动机制”，并自2013年开始，举办以农民工为主体的全国工会就业、创业援助月活动。

——2014年，全国总工会与人力资源和社会保障部积极参与实施农民工职业技能提升计划——“春潮行动”，目标是到2020年，力争使新进入人力资源市场的农村转移就业劳动者都有机会接受一次相应的就业技能培训；力争使企业技能岗位的农村转移就业劳动者得到一次岗位技能提升培训或高技能人才培训；力争使具备一定创业条件或已创业的农村转移就业劳动者有机会接受创业培训。

——2015年，全国总工会召开工会系统进一步推进和做好农民工入会和服务工作电视电话会议，强调把农民工入会服务工作摆在更加突出的位置，确保农民工入会数量和服务质量实现双提升。

——2016年，全国总工会与教育部联合启动农民工学历与能力提升行动计划——“求学圆梦行动”，资助农民工接受学历继续教育。全国总工会同年印发的《农民工工作规划（2016—2020年）》，则围绕农民工组织化水平、合法权益保障、农民工素质水平提升、农民工市民化等方面提出20多项措施，绘就了未来五年农民工工作的宏伟蓝图。

……

令人欣慰的是，工会这一系列帮扶举措成效显著。仅以2016年为例，就慰问困难农民工家庭71万户，发放款物6.1亿元；帮助476万名农民工平安返乡，为其争取返乡经济补贴1.7亿元；为225万名农民工追回被拖欠工资近230亿元；全国已建10万家职工书屋中，约3万家建在农民工聚集的单位……

特色帮扶凸显人文关怀

凡是手持“京卡·互助服务卡”的职工，都可申请获得免费法律援助、职业介绍、临时应急救助、婚介服务以及体检、健身、购书购物、看电影、职业培训等一系列优惠服务。这是北京市总工会不断升级工会送温暖帮扶工作推出的力举。

在天津保税区，当职工感到心里烦躁或是精神压力大时，尽可以来到保税区“预约幸福”职工心理工作室，这里有保税区工会聘请的专业心理咨询师提供免费的心理咨询服务。

春运时节，贵、粤、湘、桂等地骑摩托车返乡的务工人员，沿途皆可享受到各地工会在“暖流行动”服务点免费提供的药品、衣物和食物等服务，心里暖融融地回家。

……

今天，工会送温暖帮扶工作的内容和形式都日益多元化，但又不失自身特色。

对工会来说，切实拓展帮扶范围、完善帮扶方式、提高帮扶水平，是一个永远在路上的时代课题。基于这样的理念，各级工会在着眼于服务职工和改善职工生产生活条件的基础上，主动适应职工队伍结构变化明显、职工需求呈现多元化态势的实际，逐渐将困难职工帮扶中心拓展为职工服务中心，并发挥自身优势，为包括困难职工在内的所有职工提供富有工会特色的温情服务，实现工会帮扶工作从原来狭义上的对困难职工进行单一的生活急难帮扶向为全体职工会员提供救助、维权、服务等综合型帮扶方向转变。

比如，各级工会在对困难职工提供经济帮扶的基础上，通过自办或联合社会有关单位共同举办爱心超市、爱心医院、爱心药店、爱心学校等帮扶载体，为困难职工提供实实在在的帮助和优惠服务；或是通过和社会机构合作，探索运用工会会员服务卡等形式，积极为职工在生活、学习等方面提供多样化服务，努力使工会帮扶工作惠及全体会员群众；或是充分发挥职工书屋的作用，积极开展知识竞赛、读书会等活动，努力为职工群众提供丰富多彩的精神文化产品。

再如，针对现代社会人们工作生活节奏加快、竞争压力较大的现象，工会开设心理咨询、交际联谊、文化娱乐等项目，对职工进行心理疏导，实施人文关怀。《工会帮扶工作发展规划（2012—2015年）》专门就加强心理疏导和人文关怀作出规定，要求在困难职工帮扶中心普遍开设职工心理咨询窗口，开办职工心理健康讲座，提供心理咨询、心理疏导等服务；指导帮助工业园区、企业组建职工心理辅导室，完善企业内部职工心理疏导机制。

这是在部署2011年“两节”送温暖时，全国总工会明确要求“在开展物质帮扶的同时，也要注重对职工进行精神帮扶”，并强调重点做好先进模范人物、新生代职工、农民工群体和节日期间坚守工作岗位的职工、农民工人群的精神帮扶工作——

通过岗位慰问、家庭走访、宣传报道、座谈交流等方式，积极营造关心劳模、尊重劳模、学习劳模、弘扬劳模精神的社会氛围，让先进模范人物在精神上感受到党和政府，以及工会组织的关怀与温暖；

通过在帮扶中心或与新闻媒体联合开设心理咨询电话热线、心理健康宣传栏和派出心理疏导小分队深入企业、请专家答疑解惑等方式，对广大新生代职工、农民工进行心理疏导，缓解心理压力，增强他们的归属感；

采取送慰问到岗位、送文化到企业、送关怀

到家庭、送年夜饭到（车间）工地等形式，让坚守工作岗位的职工、农民工切实感受到各级党委、政府和工会组织的温暖和关怀。

在工会的特色帮扶中，最能触动人心而又意义重大的，莫过于着眼于阻断家庭贫困代际传递的“金秋助学”活动。

20 世纪 90 年代末，河南、安徽、陕西等一些地方工会为了解决困难职工子女上学难的问题，每年开展助学活动，帮助困难职工家庭缓解压力。随着工会送温暖帮扶工作的不断深入，各级工会日益认识到，把帮扶范围拓展至困难职工子女，帮助他们解决上学难、就业难的问题，不仅能缓解因子女上学造成困难的困难职工家庭的压力，还可避免家庭贫困代际传递，同时也是工会贯彻落实党中央、国务院实施科教兴国战略，加速人才培养的重要抓手。

2004 年 4 月，全国总工会率先发起帮助困难职工子女“爱心助学”行动，青岛澳柯玛集团成为第一家响应这一号召的企业，率先捐赠 300 万元资助北京 10 所全国重点高校的 500 名困难职工子女。这也是工会不断拓展帮扶范围的力举之一。

历史的发展总是伴随着偶然性与必然性的交织。2005 年 3 月，十届全国人大三次会议审议通过的政府工作报告宣告，从 2005 年起，免除国家扶贫开发工作重点县农村义务教育阶段贫困家庭学生的书本费、杂费，并补助寄宿学生生活费；到 2007 年全国农村普遍实行这一政策，使贫困家庭的孩子都能上学读书，完成义务教育。

这一目标的提出，客观上加快了工会助学的步伐。全国总工会决定在各地工会开展助学活动的基础上，统一名称，统一时间，在全国范围内开展金秋助学活动，对困难职工家庭的上学子女给予学费资助和生活补贴。同时加强对困难家庭学生的素质培养、价值观引导和情感关怀。2005 年 8 月 2 日，全国总工会召开了全国工会金秋助学活动电视电话会议，在总结交流各地工会在开展困难职工子女助学方面的做法和经验的同时，部署在全国范围内开展“金秋助学”活动。

在此之前，全国总工会办公厅专门就在全国工会系统开展“金秋助学”活动发出通知，要求各地工会从实际出发，因地制宜，积极拓展工作思路，以灵活多样的方式开展助学活动，以丰富送温暖活动内涵，推动工会帮扶工作向纵深发展，更好地协助党和政府解决困难职工子女就学难问题，使“金秋助学”成为工会围绕大局、履行职责、服务职工的知名品牌，同时对“金秋助学”活动的指导思想、资助范围和方式、活动内容和方式以及资金来源等作出指示。

“金秋助学”活动一经推出，就得到各级工会和社会各界的积极响应。截至当年 9 月底，全国各级工会共筹集助学资金 3.06 亿元，资助学生 34.94 万人，社会反响巨大。

2006 年 7 月，在启动 2006 年全国工会金秋助学活动时，全国总工会决定进一步拓展助学对象、创新助学形式、延伸助学链条、深化助学内容，并首次明确将困难农民工子女纳入助学范围。

值得注意的是，全国总工会同时还要求工会的职业介绍和职业培训机构要积极为困难大学毕业生提供免费的职业介绍和职业培训服务，对于有创业意愿的困难大学生给予必要的创业指导和小额借款。而这一部署，为工会启动对困难职工家庭高校毕业生就业援助埋下了伏笔。

2009年，国际金融危机继续向各领域蔓延，大学生就业形势更趋严峻。当年4月，全国总工会对上海、辽宁、江苏、四川四省市进行调查摸底发现，共计有3.4万名困难职工家庭高校毕业生面临就业问题，预计全国尚未就业的困难职工家庭高校毕业生总数将突破12万人。

针对这一情况，2009年4月28日，全国总工会和教育部联合发出《关于开展“困难职工家庭高校毕业生阳光就业行动”的通知》，明确对困难职工家庭高校毕业生优先安排实习培训、优先推荐就业，并对那些享受国家优惠政策后经济上仍有困难的职工家庭高校毕业生酌情发放就业补贴，以确保他们不因经济困难而影响求职就业。通知还要求各级工会积极向困难职工家庭高校毕业生提供有针对性的就业技能培训服务，向有创业意愿的毕业生提供创业培训，并帮助他们通过职业技能鉴定获得相应的职业资格证书，积极配合人力资源和社会保障部门，对符合条件的毕业生给予职业技能鉴定补贴，等等。

“阳光就业行动”的推出，使得工会对困难

职工子女的帮扶实现了升级。更有意义的是，帮助困难职工高校毕业生实现就业，从根本上促进了困难职工家庭脱贫。

总之，各种富有工会特色的帮扶活动，使得工会每一次温暖的送出，都意味着一份关爱的持续、一份真情的传递。它不仅以其富有传统文化意味的形式、载体让广大职工感受到工会家的温情，更以涌动其中的人文关怀引领着时代新风。

辽宁省营口市总工会把困难职工的帮扶中心由市、区（县）两级下移到社区。截至2017年，全市144个社区中已有122个社区建起了工会帮扶站，共救助困难职工超过3万人次，受到全市困难职工的普遍赞誉。

据了解，营口的社区工会帮扶站配有米面油、棉衣棉被等基本生活必需品，其职能除了帮困解难、临时性救济外，还向社区职工提供技能培训、职业介绍、法律咨询、维权等帮助。

变临时性救助为日常性帮扶。过去，营口工会组织对困难职工的救助，多集中在上学、大病、年节等临时性救助上。营口市总工会认为，原有的救助方式和范围，远远不能满足困难职工的实际需要。由于困难职工的分布面广，市区（县）两级仅仅各一个帮扶中心，不能及时了解职工困难情况，特别是突发困难的职工情况。同时，帮扶工作一般需要本人申请、社区审核、街道上报、区工会审批等程序才能实施，工作周期较长，距离建立帮扶中心的初衷——随时帮扶、及时救助还有一定的差距。只有将帮扶站建在社区，才能使救助工作在第一时间掌握信息，第一时间实施救助和坚持经常性救助。

建起维权站，提供多种服务。除了生活困难的临时救济外，营口的社区工会帮扶站还为职工提供了多种服务，实现了“困难有助、就业有路、代言有人、倾诉有门”。

上述案例，摘自中华全国总工会办公厅 2010 年 12 月 24 日专门印发的文件。为介绍一个地方的经验专门发文的，在全国总工会并不多，由此可以看出对把工会帮扶站建在职工家门口这一经验的重视程度，正如其发文按语中说的，目的是“供各级工会在开展帮扶工作中学习借鉴”。

其实，营口工会设立社区帮扶站，只是中国工会延伸帮扶链条、拓展帮扶范围的一个缩影。

当时，由于国际金融危机和欧债危机的深层次影响远未消去，一些企业生产经营困难甚至关闭破产，部分职工的就业、收入受到冲击，困难职工总量有所增加；同时，因企业改制或重大疾病、意外灾害等造成职工家庭陷入困境的现象还大量存在。以大庆油田为例，即便这样一个公众心目中效益好、收入高的企业，在25.6万名职工中仍有低保户90户、特困职工3906人、困难职工6061人。

在这样的背景下，工会帮扶要做到贫者有所济、困者有所助、帮扶无盲区，靠当时的帮扶网络还不够，亟须进一步延伸触角。

事实上，据全国总工会的统计，2010年全国工会建立档案的困难职工逾500万户，受制于帮扶中心的覆盖面，一些偏远地区的企业职工无法得到帮助。就降低社会管理成本来说，将职工的困难解决在企业、矛盾化解在基层，则是最佳的选择。

正因如此，营口工会把帮扶站建在职工家门

口的做法经全国总工会介绍后，引起热烈反响，各地工会迅速行动起来，因地制宜地延伸工会帮扶链条，扩大帮扶覆盖面。

辽宁各级工会自2011年起全力推进“千米服务帮扶圈”建设，仅仅一年，全省规模以上企业就建立服务帮扶站7128个，建站率62%；建立社区工会服务帮扶站3227个，建站率85%。

在福建，泉州市总工会2011年开始着力在各县（市、区）打造“工会十分钟职工服务圈”，5年中建设职工服务中心（站）300多家，覆盖职工190多万人，实现90%以上的劳资纠纷在基层职工服务站得到解决。

在湖北，襄阳市总工会坚持以十分钟路程为半径、服务辐射覆盖整个辖区范围的理念，打造社区工会“十分钟职工服务圈”，努力做到职工诉求或需求十分钟之内可得到较快的解决与答复，职工在社区十分钟路程内找到工会组织，让职工感受到工会组织就在身边。

……

工会服务帮扶工作距离在企业、社区全覆盖的目标，正越来越近。2012年9月，全国企业工会帮扶工作座谈会的召开，又进一步加快了这一进程。时任中华全国总工会党组书记、副主席、书记处第一书记王玉普明确要求，在加强县级以上帮扶中心建设的基础上，推进帮扶站点向基层延伸，向有条件的企业发展，在继续做好国有、集体企业困难职工帮扶工作的同时，积极做好非公企业和中小企业困难职工帮扶工作。特别要切实推进规模以上企业帮扶站点建设，把企业工会帮扶工作打造成党政满意、职工欢迎、社会认可的品牌工程。

当然，推进企业工会帮扶工作并非一蹴而就，而是要依照职工需求和社会发展的脉络循序渐进。正如困难职工帮扶中心从诞生、发展到完善，先后历经 10 年——前 5 年实现了对地市级以上城市的全覆盖；2008 年 3 月全国总工会在天津召开“全国工会帮扶工作会议”后，进一步明确了加强县级帮扶中心建设的方向：到 2012 年 3 月，100%的应建县级城镇均建立了帮扶中心——企业工会帮扶工作也将经历一个不断探索、丰富、发展的过程。

理论上，企业是职工最主要的生产生活场

所，企业工会直接面对职工、了解职工需求，服务职工也最直接、最及时、最便捷。开展企业层级的帮扶，企业工会既具优势，也有实力。同时，工会作为群众组织，只有接地气才能增活力。推进企业工会帮扶工作，必须顺应不断增长的职工服务需求，不能仅限于困难救助，而要涵盖职工利益的更多内容，更加直接地惠及广大职工。

基于此，各企业工会帮扶站（点）因企制宜，突出重点，找准落点，探索各具特色的企业工会帮扶模式：集心理、法律、医疗、培训、书屋等多功能于一体的综合服务站；满足不同年龄、不同行业、不同性别群体需求的特色服务站；适应职工流动性大、作业分散的流动服务站；以及互助服务站、网络服务站……“落在企业、建在身边”的帮扶站点，成为解疑释惑的阵地、宣传政策的平台、实施服务的通道。

“到 2015 年，全总将进一步健全帮扶工作网络体系，形成以困难职工帮扶中心为主要载体，以困难职工和农民工为主要对象的‘全面覆盖、分级负责、上下联动、区域协作’的帮扶工作网络体系，已建立工会的乡镇（街道）、社区（村）和规模以上企业80%建立起工会帮扶站（点），所有已建工会的中小企业依托乡镇（街道）、社区（村）的工会帮扶站（点）开展好帮扶工作，实现对困难职工帮扶救助的全覆盖、不遗漏。”

《工会帮扶工作发展规划（2012—2015年）》绘就的这一蓝图，在各级工会的努力下，不仅如期化为现实，而且在此基础上又有许多新探索、新创造。

陕西省渭南市总工会就以市、县两级困难职工帮扶中心（职工服务中心）为窗口，整合人力资源和社会保障、司法、法院等部门的职能作用，建立工会劳动监察工作服务站、劳动争议仲裁工作服务站、法律援助工作站、职工维权巡回法庭组成的“三站一庭”职工维权联动机制，为包括困难职工在内的广大职工群众提供便捷、务实、高效、集中的服务。

时任中华全国总工会党组书记、副主席、书记处第一书记陈豪来到陕西送温暖时，对“三站一庭”职工维权联动机制予以肯定，并要求各级工会不断健全完善困难职工帮扶解困长效机制，尤其探索企业保障与社会保障有效对接的新路径，在开展培训、提升素质上加大力度，从根本上帮助包括困难职工在内的广大职工解决生产、生活中的突出问题。

顺应时代发展、职工需求，重心下沉、关口前移，“向基层延伸，向有条件的企业发展”的工会帮扶工作，不仅真正为广大职工编织起一张广覆盖的防护网，也使工会组织始终处于服务职工的最前沿，以贴心服务展示着职工“娘家人”的应有温度！

制度保障、精准施策再创新辉煌

仅“两节”期间，就走访了 20.59 万家企业，走访了 419.99 万名职工，为 85.4 万名职工拿到了被拖欠的工资 44.4 亿元……这是全国各级工会 2017 年元旦春节期间送温暖活动交出的成绩单。

自党的十八大以来，面对经济发展新常态给

工会工作带来的新情况，特别是加快产业结构转型升级、推进供给侧结构性改革给职工权益实现带来的新问题，本着对党的工运事业的绝对忠诚和对职工群众的高度负责，全国总工会的领导和各级工会干部义无反顾地选择了担当，继续推动着送温暖帮扶工作的创新发展。

早在2013年，中国工会十六大报告便提出“着眼于更好地满足职工群众多层次需求，努力构建服务职工工作体系”的目标任务，强调要“做大做强送温暖、困难帮扶、金秋助学、法律援助、医疗互助、女职工关爱行动等工作品牌的同时，提供更多高水平的精神性、发展性服务”，“加强困难职工帮扶中心和站点建设，主动承接政府转移的公共服务职能和向社会购买的服务项目，加快融入公共服务体系”。

之后，各级工会围绕党和国家大局，踩准时代节拍，创新发展送温暖帮扶工作的探索实践始终呈方兴未艾之势。

——“制度保障”成工作主线。2014年3月，全国总工会成为全国社会救助部际联席会议成员单位，为进一步推进工会帮扶工作与社会救助制度的有效衔接提供了有力保障。同年7月召开的全国工会保障工作会议，明确提出工会保障工作必须围绕制度保障这条主线，推动职工权益纳入国家制度保障体系，贯穿到劳动就业、收入分配、社会保险、帮扶救助等工作中。这一理念在2015年的全国工会保障工作座谈会上和《中华全国总工会关于进一步加强新形势下工会保障工作的意见》中得以进一步延续和强化，实现工会保障工作与国家保障体系有机衔接成为共识。

——“精准帮扶”成能力要求。自《中华全国总工会关于进一步加强新形势下工会保障工作的意见》率先提出“努力实现精准帮扶、公平救助”后，在2016年1月召开的全国总工会十六届四次执委会议上，全国总工会领导在谈及加大城市困难职工解困脱困的帮扶和保障力度时指出，“继续做好送温暖工作，关键是要精准，真正做到‘雪中送炭’”，“要为困难职工建档立卡，掌握精准的信息，因户施策、分类帮扶”。执委会工作报告进一步要求，“加快建设以精准帮扶为重点的服务职工工作体系”，拓展困难职工帮扶中心（职工服务中心）和站点功能，加强工会精准帮扶解困的能力建设，做实做细送温暖工作，雪中送炭、纾难解困。

——载体创新成帮扶亮点。2016年是工会改革创新攻坚之年，也是送温暖帮扶工作亮点频现之年。2016年初，全国总工会即启动困难职工帮扶工作职工满意度调查，并发出《关于推进户外劳动者服务站点建设的通知》，要求在有条件的县级以上工会组织建立以环卫工人、出租车驾驶员、交通警察、快递员等户外劳动者为主要服务对象的服务站点体系，鼓励有条件的乡镇（园区）建立服务站点，以保障和改善户外劳动者的生产生活条件；2016年底，又就进一步规范困难职工档案印发《困难职工档案管理办法》，升级全国工会帮扶工作管理系统，监测、分析困难职工家庭的状况和帮扶情况，督促各地工会对困难职工进行精准识别、精准施策。

尤为值得一提的是，作为全国总工会改革试点工作中出台的一系列制度文件之一，2016年5月20日出台的《中华全国总工会关于进一步做好困难职工解困脱困工作的实施意见》，不仅清晰地绘就工会“加大城市困难职工解困脱困的帮扶和保障力度”的蓝图，而且为如何把“精准”贯穿困难职工解困脱困工作全过程规划了路径，明确了开展分类帮扶的“四个一批”措施，即针对有劳动能力的困难职工，通过加强技能培训、提供创业援助等方式，以就业创业解困脱困一批；针对因企业欠缴社会保险费或没有落实相关社保待遇的困难职工，将其纳入国家社会保险制度覆盖一批；针对因病致困的职工，推动将其纳入大病保险和医疗互助保险保障一批；对符合低保条件的困难职工，通过社会救助兜底一批。

2016 年 9 月，全国总工会在湖北宜昌召开全国“互联网+”工会普惠性服务现场推进会，要求各级工会充分运用现代信息技术和新兴媒体，构建起“大数据、大平台、大队伍，大服务”的普惠性服务职工工作体系，努力实现困难职工帮扶、就业培训服务、劳动争议调解等服务职工工作的有机整合，推动互联网时代工会服务职工工作的转型升级。

……

与时俱进地创新理念、拓展路径，既努力丰富内容，又不断改进方式；既注重与国家制轨，又立足工会实际彰显特色，工作不断向纵深发展。各级工会的、默默奉献，又筑起了工会送温暖帮“金杯”“银杯”都换不来的“口碑”，不仅传递了正能量，更为彰显工会作为作出温暖注脚——

2016年4月12日，全国总工会专门就工会系统进一步做好困难职工解困脱困和农民工入会服务工作召开电视电话会议，时任全国总工会党组书记、副主席、书记处第一书记李玉赋对做好困难职工解困脱困工作再动员、再部署，要求将困难职工解困脱困融入国家脱贫攻坚大局，把“精准”贯穿全过程，不断加大困难职工解困脱困帮扶和保障力度；

高度关注结构性改革中职工生产生活遇到的新情况、新问题，实地调研并提出创新东北老工业基地、资源枯竭工矿区困难职工专项帮扶形式的意见并组织实施，妥善解决职工安置和社会保障问题；

自我加压，实行工会帮扶困难职工目标责任制，任务层层分解，严格考核，强化督查，努力做到底数精准、原因精准、措施精准、解困脱困精准，做到一户一档案、一户一计划、一户一措施，确保建档立卡的困难职工如期解困脱困；

依托“技能培训促就业”“创业援助”“阳光就业”“职工医疗互助”“金秋助学”“一帮一”“为困难职工送温暖”等工会品牌活动，着力打造以3515个县级以上帮扶中心、20多万个帮扶站点为线下实体，以“互联网+”为线上平台，“线上”“线下”互补互促的全方位多层次服务工作体系；

……

这是两组沉甸甸的数据：

——在2016年度的“金秋助学”活动中，全国各地工会共筹集助学资金11.1亿元，发放助学款10.7亿元，58.7万名困难职工和农民工子女受益，各地工会累计联系1.4万余家用工单位，为困难职工子女提供勤工俭学和社会实践岗位6.8万多个。

——截至2016年底，困难职工数量较2015年同期减少37.11%。其中，通过推动各级政府制度性保障扩面或保障救助力度加强脱困的63

万户，占 11.46%；通过就业帮扶提高收入脱困的 34 万户，占 6.19%；还有 100 余万户因灾、因病、因伤等致困的困难职工家庭，通过依法解决社保欠缴、落实养老和工伤待遇、加强医疗救助和互助等措施，成功实现了解困脱困。

对于每逢元旦、春节便开始访贫问苦、踏雪送暖的各级工会干部来说，这无疑是令人欣慰的好消息。激励工会干部们执着前行的，是广大职工的信任和期待，是党中央的嘱托与厚望。

从工会发起送温暖活动之日起，便得到了党和国家领导人的高度重视、亲切关怀。今天，时光的指针滑过数十载，但这样的重视和关怀从未改变过。特别是自党的十八大以来，在以习近平同志为核心的党中央坚持以人民为中心的发展思想，向全党、全社会发出了脱贫攻坚动员令的背景下，工会开展的困难职工帮扶工作，更是得到高度关注。

习近平总书记高度重视民生工作，就民生保障作出一系列重要论述，明确提出“守住底线、突出重点、完善制度、引导舆论”，从解决群众最关心最直接最现实的利益问题入手，做好普惠性、基础性、兜底性民生建设，不断提高公共服务共建能力和共享水平，要求抓住劳动就业，技能培训、收入分配、社会保障、安全卫生等问题，关注一线职工、农民工、困难职工等群体，完善制度，排除阻碍劳动者参与发展、分享发展成果的障碍，努力让劳动者实现体面劳动、全面发展，“全面建成小康社会决不能落下一个贫困地区、一个贫困群众”，为工会开展送温暖和困难职工帮扶工作提供了思想武器和行动指南。习近平总书记一再要求各级工会，“要面对面、心贴心、实打实做好群众工作，扎扎实实解决好群众最关心最直接最现实的利益问题、最困难最忧虑最急迫的实际问题”，“要把竭诚为职工群众服务作为工会一切工作的出发点和落脚点，全心全意为广大职工群众服务，认真倾听职工群众呼声，维护好广大职工群众包括农民工合法权益，扎扎实实为职工群众做好事、办实事、解难事”。

习近平总书记以身作则、率先垂范，每逢重大节日，他总是代表党中央给包括困难职工在内的广大职工送上温暖问候；即使到一线调研，他也总会专门安排时间，与一线职工坐一坐、聊一聊，尤其牵挂由于产业转型等原因而在生产和生活上遇到困难的职工们，并强调“越是困难的时候，越要发挥职工群众主人翁作用，越要关心职工群众生产生活和职业发展，把全心全意依靠工人阶级的方针落实好”。

“人不率则不从，身不先则不信。”习近平总书记带头关心关爱困难职工，是最好最有力的示范，给广大职工和工会干部以深深的激励和巨大的鼓舞！

2017 年 1 月，中华全国总工会第十六届执行委员会第五次全体会议在北京召开。时任中共中央政治局委员、中华全国总工会主席李建国主持会议并讲话，强调要加大为职工办实事解难事力度，继续聚焦城市困难职工解困脱困帮扶，帮助职工解决就业和生活上遇到的新问题，扩大职工群众的获得感。这次会议提出精准帮扶服务困难职工的新目标，在要求继续做好拓展困难职工帮扶中心（职工服务中心）和站点功能，针对一线职工、农民工、劳务派遣工等特定人群、特殊困难职工加强帮扶，扎实做好工会对口援疆援藏工作等同时，一是强调推动困难职工解困脱困工作纳入国家脱贫攻坚大局，通过国家社会救助部际联席会议等工作机制，将困难职工帮扶工作融入社会救助体系和公共服务体系，实现困难职工的需求信息和各类救助资源精准对接；二是强调加强帮扶资源区域间协作、系统共享，推动解决东北老工业基地、资源枯竭型城市等区域和困难企业帮扶资源不足问题。

小康路上的工会力量

小康社会是全体人民的小康，也包括城市困难职工。2015 年，中央扶贫开发工作会议吹响了脱贫攻坚的冲锋号，一项重要政治任务交到了工会组织手中——推动城市困难职工解困脱困，确保全体职工同步迈入小康社会。

从一线城市到偏远地区，一场覆盖全国的城市困难职工解困脱困工会大行动拉开帷幕。

面向全国工会召开会议，就困难职工解困脱困工作进行专门部署；制定《关于进一步做好困难职工解困脱困工作的实施意见》；“分类做好城市困难职工解困脱困工作”，“把提高解困脱困工作质量放在首位”被写入中国工会十七大报告；与有关部门共同制定相关文件，联合帮扶困难职工……工会组织打响了一场规模大、力度强、惠及面广的城市困难职工解困脱困攻坚战。

时间进入2019年，脱贫攻坚进入决胜的关键阶段，城市困难职工解困脱困工作也进入关键时期。这年7月，城市困难职工解困脱困工作迎来一次重要节点——全国总工会召开城市困难职工解困脱困工作座谈会，会议提出：各级工会要坚决落实“一个总体目标”，即确保到2020年，现有建档困难职工全部实现解困脱困，同步迈入小康社会；切实抓好“两项重点任务”，即确保到2020年，所有能够脱困的困难职工家庭人均收入连续6个月超过当地低保标准，全部实现脱困；因重病、残疾等因素无法脱困的困难职工家庭，通过推动纳入政府兜底保障和工会常态化帮扶，其家庭生活水平达到当地低保标准的，全部实现解困。

城市困难职工解困脱困工作被摆在全国工会工作的突出位置。围绕这一议题，各地在5年里开了17万余场专题会议，32个省级总工会、438个地市级总工会、2708个区县级总工会制定实施细则，把任务分解到年、精准到人，确保如期实现解困脱困目标任务。

尤其值得关注的是，各级工会将“精准”贯穿困难职工解困脱困工作全过程，做到精准识别，确保不漏一户、不掉一人，并针对收入低、患病、失业、子女上学、受灾等五类困难职工群体精准施策，制定了“四个一批”的帮扶路径，即就业创业解困脱困一批、社会保险制度覆盖一批、大病保险和医疗互助保险保障一批、社会救助兜底一批。为此，全国总工会还建立了重大疾病、事故、意外致困职工专项帮扶制度，制定了建档立卡、认定标准、解困脱困标准、家庭状况核查、信息化管理等10个方面标准和流程，精准施策、靶向发力。

2020年，新冠疫情防控期间，全国总工会组织开展了解困脱困集中攻坚行动，各级工会着力建立预防相对困难职工返困预警和帮扶工作机制，及时避免了返贫致困情况大规模发生。

城市困难职工解困脱困工作大踏步前进，各

级工会协同政府出台和落实帮扶困难职工的就业创业、医疗、教育、住房等专项政策100余项；构建起基本生活、医疗、教育、住房、就业创业、社会保险待遇等6条保障线；有697.9309万人次党政工领导干部与1202.2012万户次困难职工家庭实现结对帮扶……这些举措都指向同一目标：把党和政府的关怀送到困难群众心坎上，让他们感受到社会主义大家庭的温暖。

然而，要帮助全部困难职工解困脱困，不能仅靠工会组织单打独斗。为此，全国总工会和各级工会努力推动城市困难职工解困脱困工作融入脱贫攻坚大局和社会救助体系，建立党委领导、政府主导、工会牵头、部门负责、社会参与的工作体制。

2018年7月，全国总工会启动了中央财政专项帮扶资金使用改革，聚焦深度困难职工实行重点兜底保障。在各级工会的积极推进下，截至2021年，有29个省级、411个地市级、2501个区县级党委、政府出台了困难职工解困脱困实施意见，把城市困难职工纳入脱贫攻坚统筹或民生项目考核；403个地市和2496个区县政府建立解困脱困工作专门机构，下发 8848 个困难职工帮扶政策文件。与此同时，31 个省（区、市）总工会加入政府社会救助联席会议制度，30 个省（区、市）总工会参与分层分类社会救助综合改革和制度建设。

整合力量广泛参与困难职工解困脱困工作，各级工会还将目光投向丰富的社会资源，探索困难职工需求和各类帮扶资源的精准对接，创新解困脱困模式。如云南大理的“祥云样本”，持续与政府部门共同精准施策；广西柳州实行“一网通办”、多部门联合救助，仅 2020 年开展的决战困难职工解困脱困百日攻坚行动中，就有 200 余家机关事业单位、近 2000 家企业、3000 多名工会干部参与，走访慰问困难职工 1 万余户次；上海、河南、江苏、安徽等地开展“微心愿”活动，组织社会爱心力量，帮助困难职工及其子女圆梦。

从建立工作考核、倒排工期、常态调度等机制，到形成政策引导、项目支撑、结对帮扶、社会保障的强大合力……不计其数的工会干部投入城市困难职工解困脱困工作，在脱贫攻坚路上留下了浓墨重彩的一笔，在百万困难职工的心中点燃了希望的火种。

2021 年 5 月 31 日，城市困难职工解困脱困工作总结表彰会在北京召开。全国人大常委会副委员长、中华全国总工会主席王东明出席会议并讲话。时任全国总工会党组书记、副主席、书记处第一书记陈刚主持会议。会上，在城市困难职工解困脱困工作中作出重要贡献的 120 个集体和 120 名个人受到通报表扬，云南省总工会职工帮扶中心等 20 个集体和郭燕等 31 名个人分别被授予全国五一劳动奖状和全国五一劳动奖章。会上还传出一个鼓舞人心的消息——经过各级工会的共同奋斗，工会建档立卡的 549.87 万户困难职工家庭全部解困脱困。这意味着，城市困难职工解困脱困工作圆满收官。

在党委、政府的支持下，各级工会综合运用财政帮扶、社会保障、就业创业、社会救助等政策措施，构建起困难职工帮扶的多重保障线，有力提高了城市困难职工生活水平。据统计，2015 年以来，各级各方面共投入帮扶资金 185 亿元，其中中央财政累计投入帮扶资金 72.2 亿元，地方财政投入 55.1 亿元，工会经费投入 45.8 亿元，募集社会捐助资金 7.8 亿元，共开展专项帮扶 2449 万人次。

一份 5 万余字、厚达 220 页的《中华全国总工会城市困难职工解困脱困工作第三方评估报告》，直观呈现了工会助推城市困难职工解困脱困取得的成效——

根据对 3.2 万户困难职工家庭开展的入户调查显示，困难职工家庭可支配收入平均增长了 19.6%；96.4%的困难职工认为工会帮扶工作提升了自家生活水平，99%的困难职工对工会帮扶工作表示满意。与此同时，困难职工的精神风貌也发生着可喜变化，受访困难职工认可“我能够通过努力获得成功”的平均值为 9.52 分（满分 10 分），职工认可“生活将会越来越好”的平均值达到 9.72 分（满分 10 分）。

完成城市困难职工解困脱困目标任务不是终点，而是工会组织更好服务广大职工的新起点。

总结表彰会上，全国总工会提出了一项新的任务——切实做好巩固拓展城市困难职工解困脱困成果同提升职工生活品质有效衔接工作，让解困脱困的基础更加稳固、成效更可持续。

全国总工会要求，一方面，要保持主要帮扶政策总体稳定，坚持“脱困不脱政策”，健全防止返困动态监测机制，构建多层次常态化帮扶新格局，让解困脱困的基础更加稳固，确保在共同富裕道路上一个也不掉队。另一方面，扎实做好职工普惠性服务工作，在促进职工享有更稳定的工作、更满意的收入、更可靠的社会保障、更充足的生活福利、更丰富的精神文化生活和激发职工提升生活品质的内生动力上下功夫，持续提升职工生活品质。

2021 年 10 月，全国总工会正式启动“提升职工生活品质试点工作”：以提升职工生活品质为目标，以满足职工需求为导向，鼓励地方因地制宜开展试点，积极探索创新精准性、生活性服务职工体系的业态、模式、机制，着力打造一批服务职工基地，培育一批社会资源和力量，形成一批服务职工创新模式，建成示范性好、辐射功能强的服务型、枢纽型、高质量服务职工综合体和职工生活幸福、环境良好的企业样板，并以点带面、示范引导推动联系广泛、服务职工的工会工作体系日益健全，更好地助力职工享有更稳定的工作、更满意的收入、更可靠的社会保障、更充足的生活福利、更丰富的精神文化生活。

截至2023年1月，全国总工会发布了两批提升职工生活品质试点单位，近200家单位开展了提升职工生活品质先行先试工作。

如今，各级工会逐渐形成更多制度文件，努力完善多层次梯度帮扶长效机制。包括多渠道推动建立城乡一体化的解决相对贫困长效机制，加强困难职工帮扶与政府救助制度有效衔接；建立完善预防困难职工返贫致困机制，坚持“脱困不脱政策”；健全工会常态化帮扶机制，为不同困难类型的建档立卡困难职工家庭实施分层建档、分类施策、精准帮扶，等等。

全国总工会已明确，从2021年起设立解困脱困5年过渡期，巩固拓展城市困难职工解困脱困成果，并将其同提升职工生活品质有效衔接，为全面建设社会主义现代化国家贡献更多工会力量。

2023年9月又一项重大部署从全国总工会传来——全国工会“12351”热线建设动员部署电视电话会议召开，中华全国总工会党组书记、副主席、书记处第一书记徐留平出席会议，对大力推进“12351”职工维权服务热线建设作出部署。据悉，“12351”热线建设将锚定1个目标，即把“12351”热线打造成新时代工会系统及时、高效解决职工群众“急难”问题的“重要渠道”和“亮丽品牌”。

时光如梭，送温暖已经走过31年历程，困难职工帮扶工作也进入第21个年头。回眸过往，可以看到的是，在那些贫困的角落、困难职工的身边、化解纠纷的现场……从来不缺工会干部忙碌的身影、深情的面孔、坚实的足迹。

那份出于“娘家人”的善意和温情，永远无法被替代，更不会被割舍。正如在某种意义上，工会送温暖帮扶工作是职工群众和历史的选择，而职工群众的需求和历史的发展又推动着这项工作不断前行。

因为，工会送温暖和帮扶工作，从一个充满温情的视角见证了国家的发展、社会的进步。

因为，无论时代如何发展，社会如何变化，世界都需要阳光和爱。

这，就是工会送温暖和帮扶工作必将生生不息的力量源泉所在！

大事记

1992年

1月7日　全国总工会在全国范围内开展“进万家门、知万家情、解万家难、暖万家心”工会送温暖活动。

1993年

本年　全国总工会创办了中国职工保险互助会。

1994年

4月19日　全国总工会发出《关于实施“送温暖工程”的通知》，明确指出：根据形势的发展，全国总工会决定把一年一度的送温暖活动拓展为“送温暖工程”，以实现送温暖活动的经常化、制度化和社会化。

1995 年

2 月 9 日　江泽民同志对全国总工会党组《关于送温暖情况的简要报告》作了重要批示：送温暖是我们党的好传统，要发扬。

1996 年

8 月　全国总工会向国务院报送了《关于建立城市最低生活保障制度的建议》，在此推动下，1997 年 9 月 2 日，国务院下发《关于在全国建立城市居民最低生活保障制度的通知》，明确要求至 1999 年 9 月底，全国所有 667 个城市、1638 个县政府所在地的镇，全部建立城市低保制度。

11 月 6 日　全国总工会发布《送温暖工程基金管理暂行规定》。

11 月 26 日　全国总工会印发《中国工会职工互助补充保险试行办法》。

12 月 25 日　全国总工会办公厅下发《关于印发〈建立生活困难职工档案制度暂行办法〉的通知》，要求各省、市、县、企业工会四级分别以特困职工家庭为主要对象，以城镇居民最低生活保障线作为划线标准，建立特困职工档案并实行动态管理。

1997年

下半年至1998年3月　全国总工会宣教部就全国工会开展下岗职工再就业培训工作情况，分别到北京、吉林、山东、江苏、安徽、浙江、四川、湖北、湖南、山西等地进行调研。同一时期，全国总工会还和国务院扶贫开发领导小组共同组织实施了“万人工培”计划，即从1994年到2000年，每年组织来自国家重点扶持贫困县的一万名职工，到发达地区的企业和先进企业学习生产技术和管理经验。

1998年

10月　中国工会第十三次全国代表大会明确将“关心职工生活，实施送温暖工程，促进下岗职工再就业”作为工作重点，并强调工会要对特困职工承担“第一责任人”职责。

1999年

10月8日　全国总工会十三届主席团第三次

会议提出，“积极协助党政做好国有企业减员增效、下岗职工基本生活保障和再就业工作，深入实施送温暖工程，对特困职工承担第一责任人职责的工作要有新的突破”。

2000 年

年底　全国总工会十三届三次执委会议提出，把送温暖工程从帮扶特困职工向维护困难职工群体权益方面延伸。

2002 年

1 月 18 日　全国总工会实施送温暖工程十周年座谈会在北京隆重召开。

同日　“天津市困难职工救助中心”成立。

2 月 6 日　全国总工会发出《关于在春节前后做好帮扶特困职工工作的通知》。

9 月 27 日　全国总工会十三届九次主席团（扩大）会议决定，在总结天津市总工会创建全国第一家困难职工帮扶中心的经验基础上，三年内在全国 200 个大中城市建立困难职工帮扶中心。

11月6日　昆明市困难职工帮扶服务中心成立。

本年　《中华全国总工会关于贯彻全国再就业工作会议精神的意见》出台。

本年　全国再就业工作会议筹备过程中，全国总工会参加了有关部委联合开展的调研工作，自始至终参与了有关政策和文件的制定，工会提出的政策主张和建议，大多数在随后下发的《中共中央、国务院关于进一步做好下岗失业人员再就业工作的通知》中得到体现。

2004年

10月15日　全国工会“12351”职工维权热线电话在全国正式开通。

2005年

8月2日　全国总工会召开了全国工会金秋助学活动电视电话会议，部署在全国范围内开展“金秋助学”活动。

2006 年

1 月 5 日　全国总工会召开全国工会学习贯彻中央领导同志重要批示精神，进一步做好维护农民工合法权益工作电视电话会议。

5 月 14 日　正在云南考察工作的胡锦涛同志来到昆明市困难职工帮扶服务中心和农民工维权中心。

7 月 6 日　全国工会促进再就业推动帮扶中心工作表彰电视电话会议在京召开。

12 月 23 日　胡锦涛同志来到辽宁省葫芦岛市连山区总工会与市百货大楼联合成立的“扶贫超市”，肯定工会创办“扶贫超市”关心困难职工让社会更加和谐。

2007 年

11 月　全国工会帮扶工作管理软件正式启用，困难职工帮扶工作由此实现了网络化管理。

12 月 31 日　胡锦涛同志来到天津市困难职工帮扶中心，称赞“成立困难职工帮扶中心，这是一个创举”。

本年　全国总工会联合铁道部、交通部实施

"农民工平安返乡行动"。

2008年

1月2日　全国总工会下发关于进一步加强困难职工帮扶中心建设的通知。

3月28日　全国总工会在天津召开全国工会帮扶工作会议，回顾总结了工会开展帮扶工作的重要成果和成功经验，并就进一步做好工会帮扶工作提出要求。

8月11日　全国总工会印发《工会法律援助办法》。

本年　全国工会帮扶工作会议召开。

2009年

4月28日　全国总工会和教育部联合发出《关于开展"困难职工家庭高校毕业生阳光就业行动"的通知》。

本年　全国总工会实施"千万农民工援助行动"。

2011 年

6 月 2 日　胡锦涛同志来到武汉市青山区困难职工帮扶中心视察，充分肯定困难职工帮扶中心“通过自己的热忱服务，及时把党和政府以及工会组织的关怀送到困难职工的心坎上”，“不愧是困难职工之家”。

2012 年

1 月 5 日　全国工会送温暖活动开展 20 周年、困难职工帮扶中心建设 10 周年座谈会在北京隆重召开，回顾总结工会送温暖和帮扶工作的历程和经验，并表彰了全国工会帮扶工作先进集体和先进个人。

9 月　全国企业工会帮扶工作座谈会召开。

本年　全国总工会发布《工会帮扶工作发展规划（2012—2015 年）》。

2013 年

本年　全国总工会举办以农民工为主体的全国工会就业创业援助月活动。

本年　中国工会十六大报告提出“着眼于更

好地满足职工群众多层次需求，努力构建服务职工工作体系”的目标任务，强调要“做大做强送温暖、困难帮扶、金秋助学、法律援助、医疗互助、女职工关爱行动等工作品牌的同时，提供更多高水平的精神性、发展性服务”。

2014 年

7 月　全国工会保障工作会议明确提出，工会保障工作必须围绕制度保障这条主线，推动职工权益纳入国家制度保障体系，贯穿到劳动就业、收入分配、社会保险、帮扶救助等工作中。

2015 年

本年　全国总工会召开工会系统进一步推进和做好农民工入会和服务工作电视电话会议。

本年　《中华全国总工会关于进一步加强新形势下工会保障工作的意见》提出“努力实现精准帮扶、公平救助”。

2016 年

年初　全国总工会发出《关于推进户外劳动

者服务站点建设的通知》。

4 月 12 日　全国总工会专门就工会系统进一步做好困难职工解困脱困和农民工入会服务工作召开电视电话会议。

5 月 20 日　《中华全国总工会关于进一步做好困难职工解困脱困工作的实施意见》出台。

年底　进一步规范困难职工档案，印发《困难职工档案管理办法》。

本年　全国总工会与教育部联合启动农民工学历与能力提升行动计划——“求学圆梦行动”。

2021 年

5 月 31 日　全国总工会在北京召开城市困难职工解困脱困工作总结表彰会，明确现行标准下工会建档立卡的困难职工家庭全部实现解困脱困。会议同时提出，实现巩固拓展解困脱困成果与提升职工生活品质的有效衔接，在巩固拓展解困脱困成果的基础上，做好提升职工生活品质这篇大文章，进一步推进职工生活改善。

9 月 30 日　全国总工会办公厅印发《关于开展提升职工生活品质试点工作的通知》。

2023 年

9 月 7 日　全国工会“12351”热线建设动员部署电视电话会议召开，中华全国总工会党组书记、副主席、书记处第一书记徐留平出席会议，对大力推进“12351”职工维权服务热线建设作出部署。

图书在版编目（CIP）数据

送温暖工程 / 王娇萍，郑莉编著 . —
北京：中国工人出版社，2023.9
ISBN 978-7-5008-8243-5

Ⅰ . ①送…　Ⅱ . ①王…　②郑…　Ⅲ . ①工会工作 – 概况 – 中国
Ⅳ . ① D412.6

中国国家版本馆 CIP 数据核字（2023）第 151916 号

送温暖工程

出 版 人	董　宽
责任编辑	张姗姗　李素素
责任校对	张　彦
责任印制	栾征宇
出版发行	中国工人出版社
地　　址	北京市东城区鼓楼外大街45号　邮编：100120
网　　址	http://www.wp-china.com
电　　话	（010）62005043（总编室） （010）62005039（印制管理中心） （010）62382916（工会与劳动关系分社）
发行热线	（010）82029051　62383056
经　　销	各地书店
印　　刷	北京美图印务有限公司
开　　本	787毫米 × 1092毫米　1/32
印　　张	5.875
字　　数	80千字
版　　次	2023年10月第1版　2023年10月第1次印刷
定　　价	38.00元

本书如有破损、缺页、装订错误，请与本社印制管理中心联系更换